これで楽譜に強くなる!

速習楽典
と
徹底ドリル

山本 英子　著

The Intensive Music Theory & Exercises

KYODO-MUSIC

表紙デザイン：津幡天青

はじめに

楽譜には音符や休符の他にもさまざまな記号や用語があって、一見難しそうに感じます。しかし、実際に音楽を歌ったり楽器で演奏するだけでなく、音楽と楽譜のしくみを知れば、楽譜がその音楽情報をいかに合理的で簡潔に示しているかがわかります。この音楽と楽譜のしくみの基本をまとめたものが楽典です。楽典を学習することによって、楽譜に対する自信をもつことができるので、音楽の練習をスムーズに進めることができるようになり、音楽がより身近なものになります。

本書は、

「歌や楽器を習っていて音楽は好きだけれど、楽典全体がよく理解できていないために自信がなく、楽譜を見るのは苦手‥‥」

「以前にも楽典を勉強したけれど、忘れてしまったのでもう一度取り組みたい」

という方はもちろん、資格試験のために楽典を学習する方も、そして、音楽専門の教育機関での楽典テキストとしても、無理なく楽典を学習できることを目的としています。そのために、本書では「速習編」で楽典を総合的に学習して理解し、「ドリル編」で多くの練習問題に取り組むことによって楽典をより確実なものにできるように構成しました。

楽典は本を見て覚えようとするだけでなく、時にはピアノやキーボードの鍵盤を押さえたり音を出して確認しながら理解した方がわかりやすい部分もありますので、鍵盤楽器をお持ちの方は身近に置きながら学習を進めてください。

本書を手にした皆さんが、楽典に自信を持って頂けるようになることを願っております。

目　次

速 習 編

Intensive Music Theory

速習 1

楽譜の基本ルール

ポイント

1. 五線、音部記号
2. 音名と階名
3. 小節、縦線、複縦線、終止線
4. 反復記号、D.C.、D.S.、𝄌、Coda

1. 五線、音部記号

楽譜は、五線（および加線）の線と間（かん）とに配置された音符が、音の高さと長さを示すことによって成り立ちます。

ト音記号のついた五線はト音譜表（または高音部譜表）といい、中音域から高音域を表します。ヘ音記号のついた五線はヘ音譜表（または低音部譜表）といい、中音域から低音域を表します。その２つをつないだ大譜表では、低音域から高音域まで幅広い音域を表すことができます。

なお、ト音記号は「G」から、ヘ音記号は「F」から変形されたもので、それぞれG音（ト音）、F音（ヘ音）の五線上での場所を示しています。

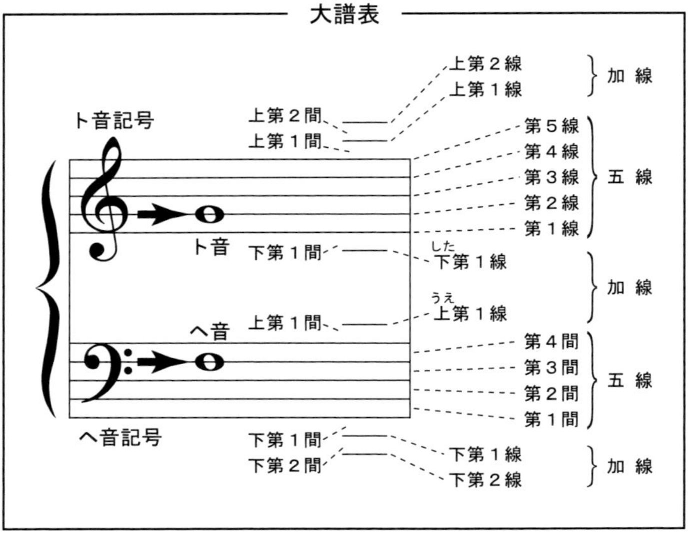

2. 音名と階名

ピアノなどの鍵盤の白鍵にあたる７つの音を「幹音（かんおん）」といい、その７つの音を日本語では「ハニホヘトイロ」、英語では「ＣＤＥＦＧＡＢ」、ドイツ語では「ＣＤＥＦＧＡＨ」で表し、これを「音名（おんめい）」といいます。調の名前や、音を特定するときには必ず音名を使います。

「ドレミファソラシ」はイタリア語に由来する「階名（かいめい）」で、各調の音階の初めの音を長調では「ド」、短調では「ラ」にする呼び方です。このため調によって「ドレミファソラシ」と呼ぶ音が変わることになり、これを「移動ド」といいます。実際には、調によって移動させず、ハ長調の階名「ドレミファソラシ」をそのまま音名に準じた使い方をすることが多く、これを「固定ド」といいます。

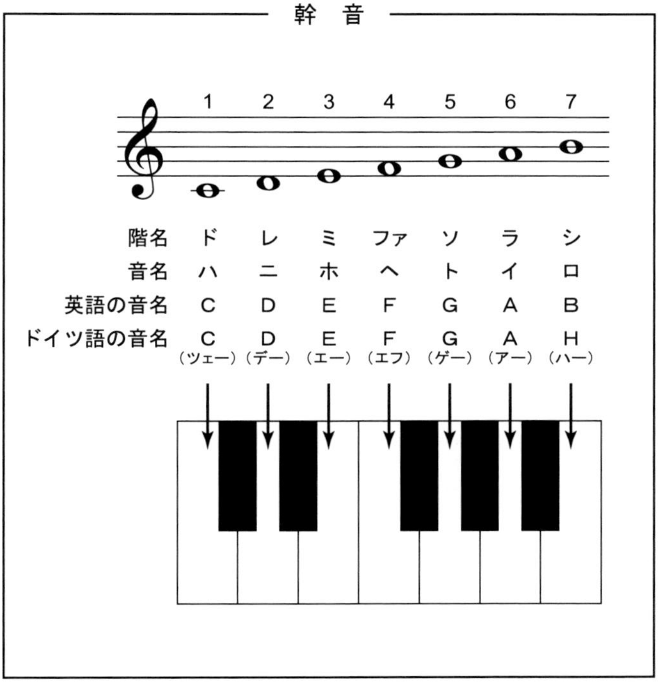

また、次のように実際の音の高さで区別して音名を表記することもあります。

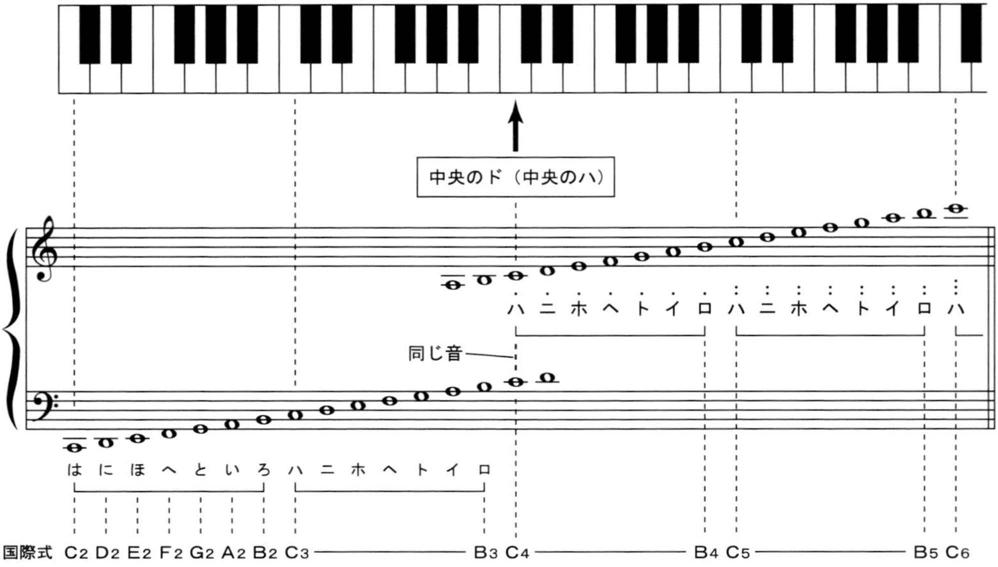

3. 小節、縦線、複縦線、終止線

楽譜は縦線(じゅうせん)によって小節に分けられ、区切り目となるところには複縦線(ふくじゅうせん)、曲の最後には終止線が引かれます。

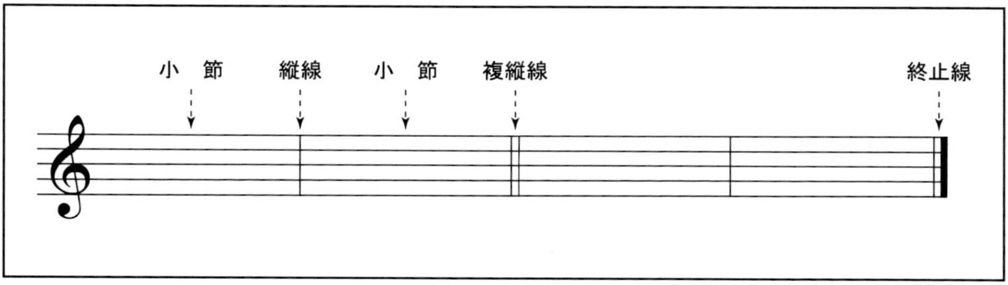

4. 反復記号、D.C.、D.S.、𝄌、Coda

反復記号（リピート記号）は、𝄆　𝄇にはさまれた部分を繰り返すときに使う記号です。曲の初めから繰り返すときには 𝄆 は書きません。繰り返す部分の終わりの方を少しだけ変える場合には ⌜1.⌝⌜2.⌝（１番かっこ、２番かっこ、またはプリマ・ボルタ、セコンダ・ボルタ）を使います。

D.C.（ダ・カーポ）は曲の初めに戻り、D.S.（ダル・セーニョ）は 𝄋（セーニョ）まで戻る意味で、D.C. や D.S.で戻った後は Fine（フィーネ）で終わります。

また、反復記号や D.C. 、D.S. の後、曲の一部を飛ばして進むときには 𝄌（コーダマーク）を使い、次の 𝄌 まで飛ばします。Coda（コーダ）の表示はそこから先が終結部分であることを示します。

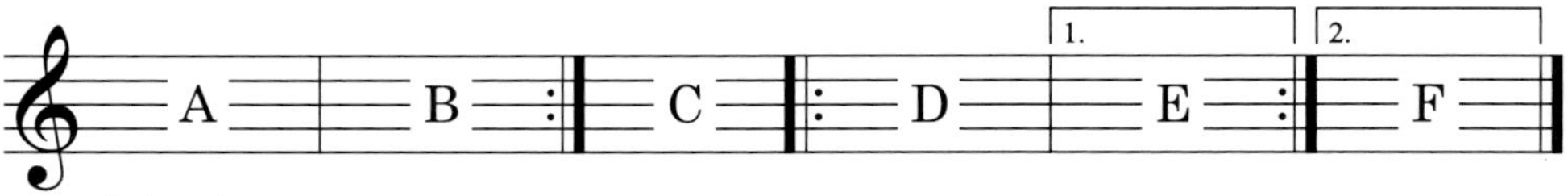

演奏順序 ⇒ ＡＢＡＢＣＤＥＤＦ

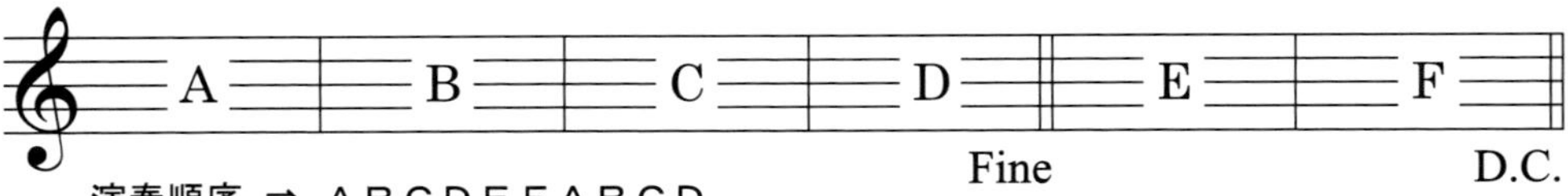

演奏順序 ⇒ A B C D E F A B C D

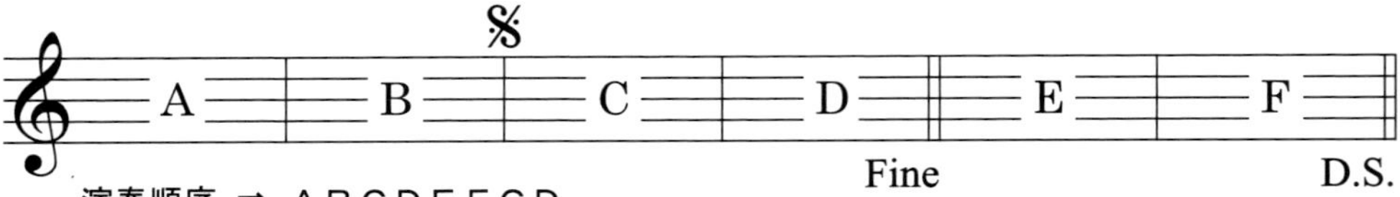

演奏順序 ⇒ A B C D E F C D

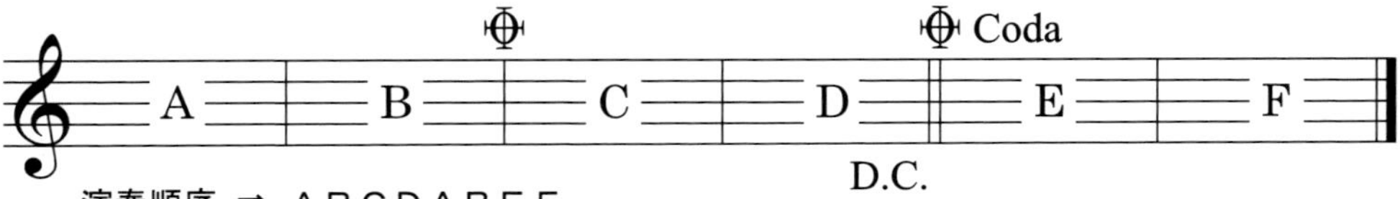

演奏順序 ⇒ A B C D A B E F

速習 2

音符と休符

ポイント

1. 音符と休符の種類
2. 変化記号
3. 拍子記号

1. 音符と休符の種類

音符と休符は、それ自体では長さ（音価）を表します。音符は五線の中に置かれると、音の長さと高さの両方を表すもので、次の各部分から成り立っています。

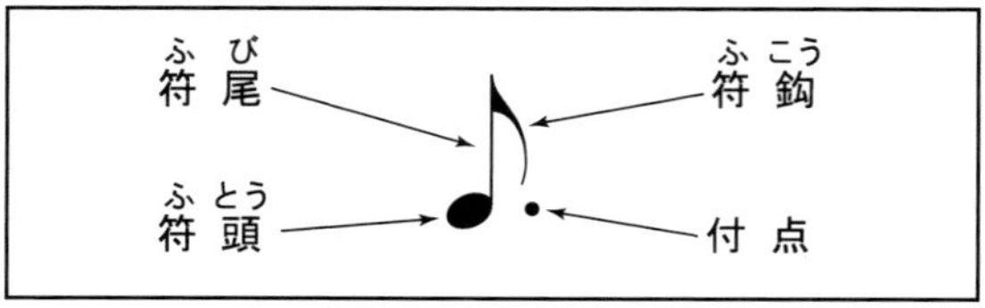

音符や休符の名前には「分」という字が使われますが、全音符と全休符の長さを基にしてそれをいくつに分割したものであるかが、その音符や休符の名前になっています。

(1) 音符の種類

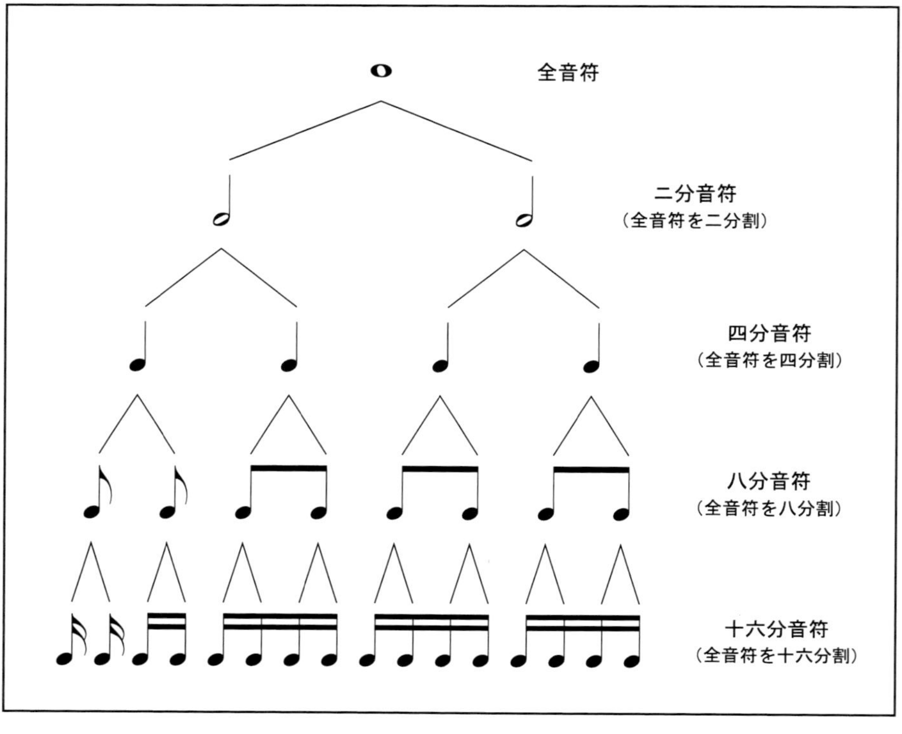

(2) 休符の種類

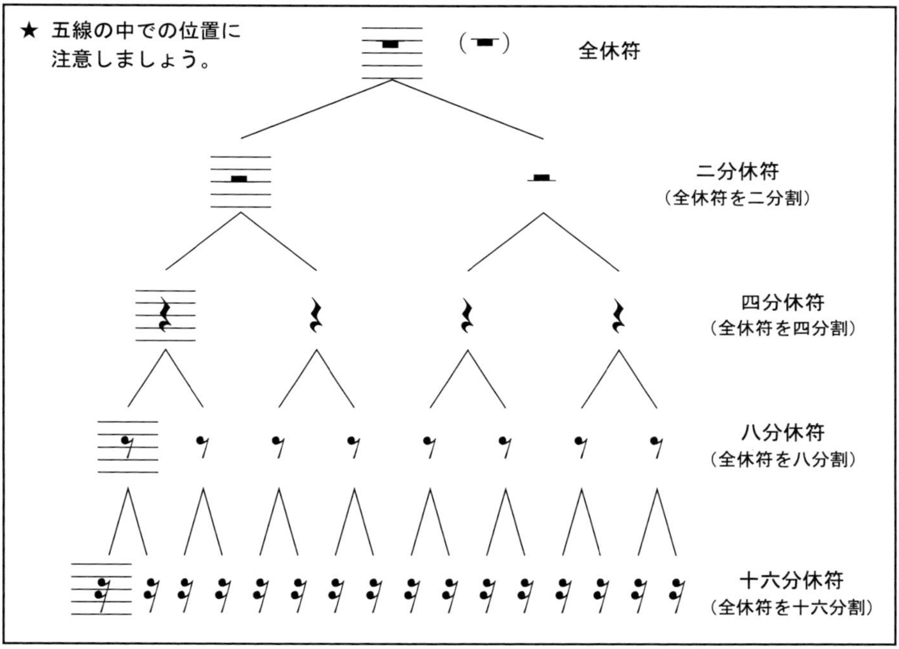

(3) 付点音符と付点休符

付点は、付点が付かない元の音符や休符の 1.5 倍を表します。

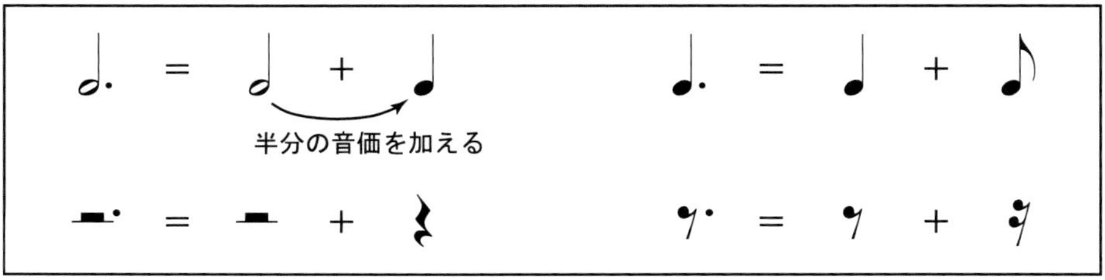

複付点は、複付点が付かない元の音符や休符の 1.75 倍を表します。

(4) タイ

同じ高さの２つの音は、タイ　　　で結ぶことによって延長されます。

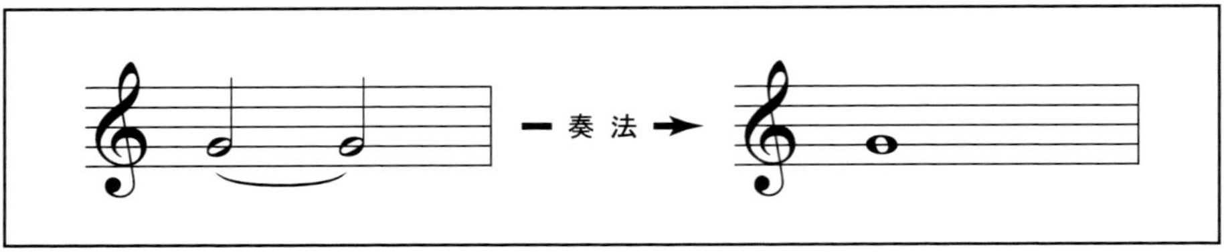

2. 変化記号

(1) 半音と全音

ピアノなどの鍵盤では、黒鍵も白鍵も含め隣り合う鍵盤どうしが半音という音の幅になっています。

図の数字の順に音を出すと、半音階と呼ばれる均等な間隔の音階になります。

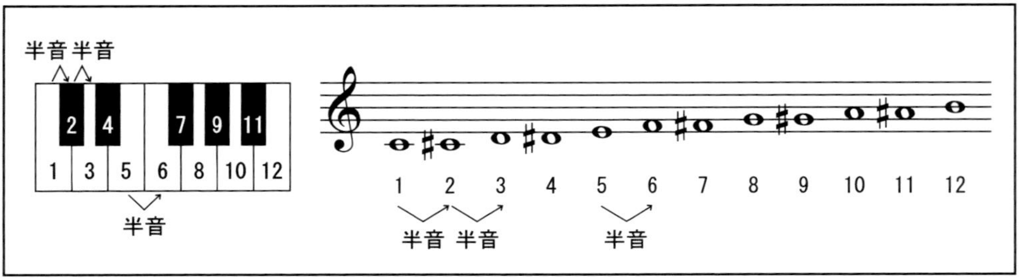

半音２つ分の音の幅は全音といいます。

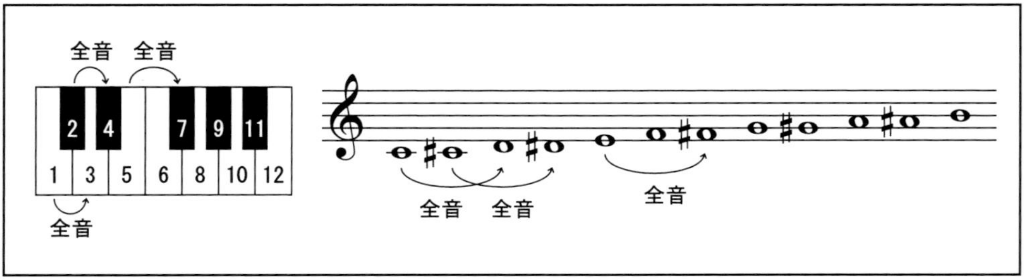

(2) ５つの変化記号

幹音に対して半音的な変化を加えたり無効にしたりするのが変化記号で、次の５種類があります。

	♯	♭	𝄪	𝄫	♮
日本語	嬰記号	変記号	重嬰記号	重変記号	本位記号
英　語	シャープ	フラット	ダブル・シャープ	ダブル・フラット	ナチュラル
意　味	半音上げる	半音下げる	半音２つ分（１全音分）上げる	半音２つ分（１全音分）下げる	無効にする

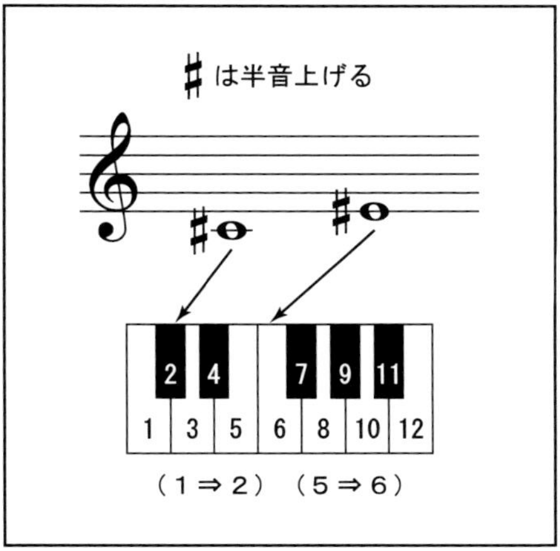

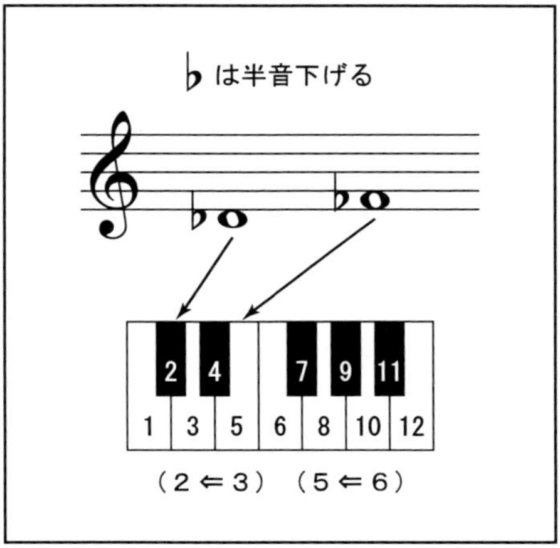

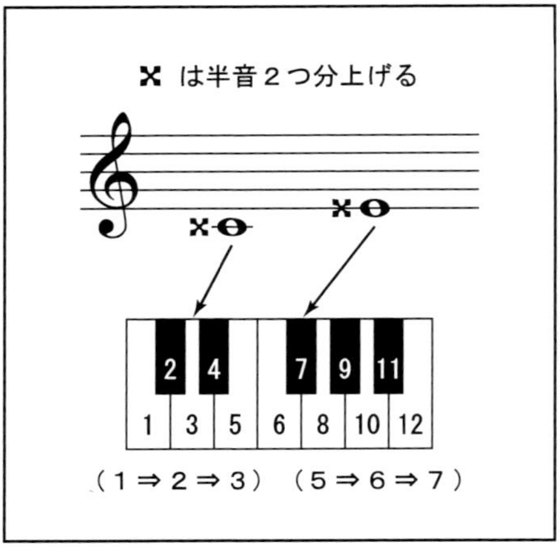

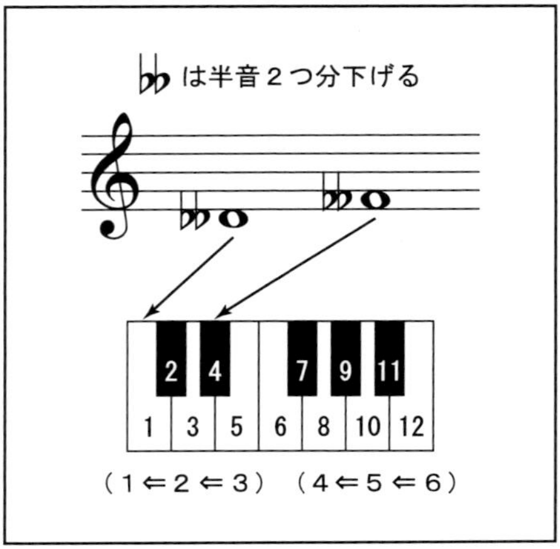

これらの変化記号は、曲の途中に現れるときには臨時記号と呼ばれるのに対し、曲の冒頭で何調かを示す場合は調号と呼ばれます。

臨時記号の場合は、付けられた時点から後のその高さの音にだけ、その小節内のみ有効で、次の小節では改めて付けられない限り効力はありません。

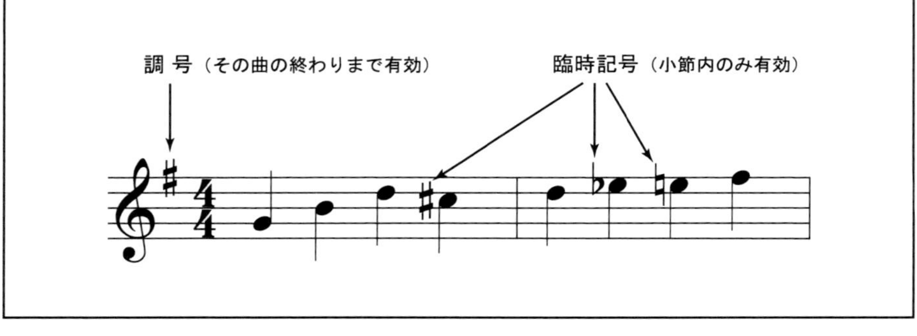

変化記号が付いた音名

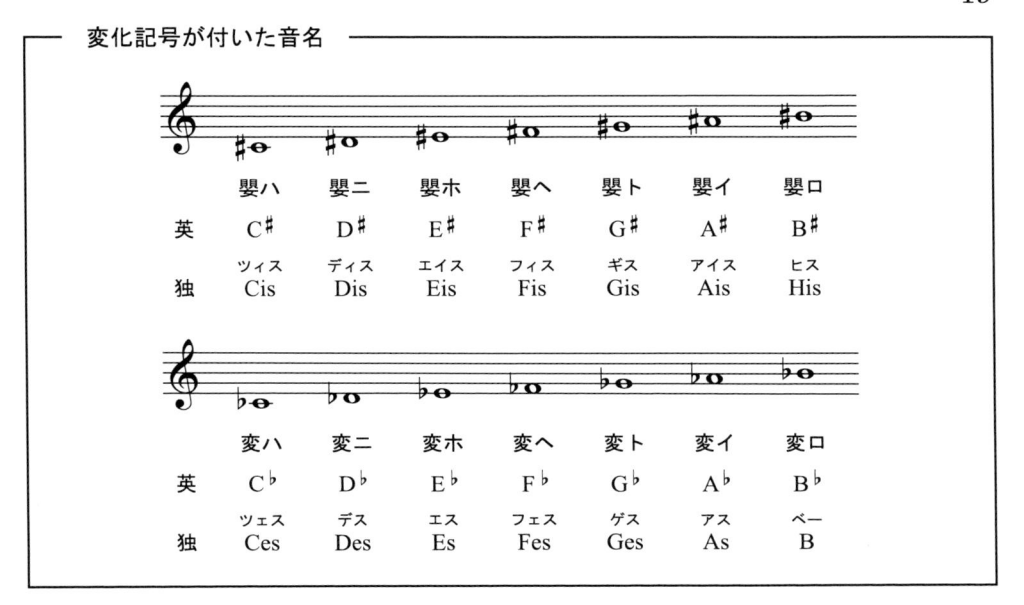

	嬰ハ	嬰ニ	嬰ホ	嬰ヘ	嬰ト	嬰イ	嬰ロ
英	C♯	D♯	E♯	F♯	G♯	A♯	B♯
	ツィス	ディス	エイス	フィス	ギス	アイス	ヒス
独	Cis	Dis	Eis	Fis	Gis	Ais	His

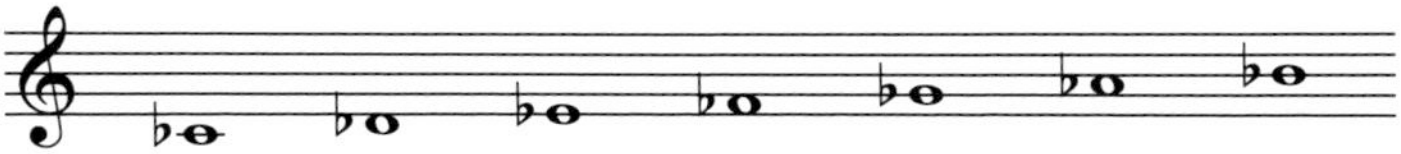

	変ハ	変ニ	変ホ	変ヘ	変ト	変イ	変ロ
英	C♭	D♭	E♭	F♭	G♭	A♭	B♭
	ツェス	デス	エス	フェス	ゲス	アス	ベー
独	Ces	Des	Es	Fes	Ges	As	B

(3) 異名同音

7つの幹音に変化記号が付けられた音を派生音といいます。派生音どうし、あるいは派生音と幹音どうしでは、違う形で示されていても実際には同じ音であることがあり、これを異名同音と呼びます。

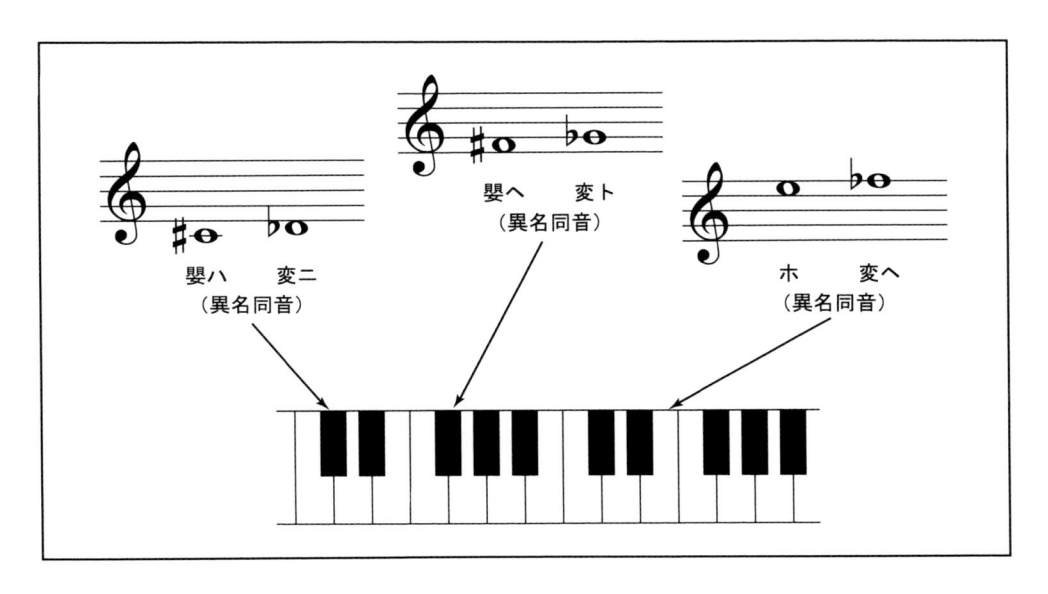

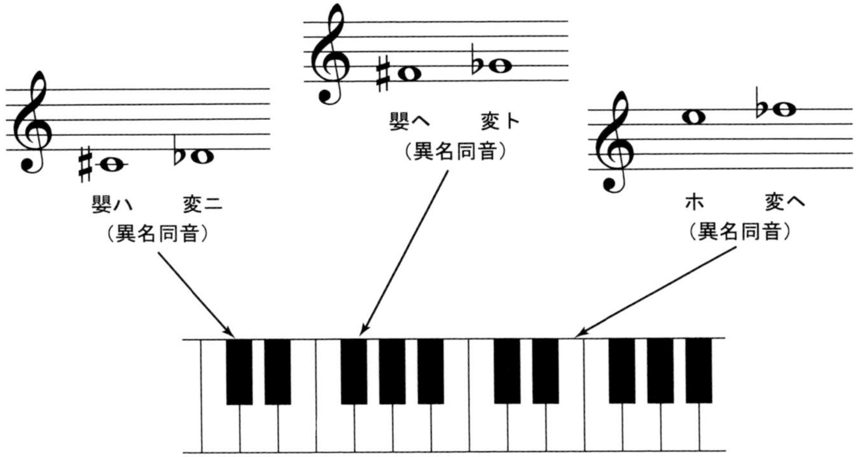

3. 拍子記号

拍子は上下に重ねられた２つの数字で表され、これを拍子記号といいます。

下の数字は１拍とする音符で、ふつう二分音符、四分音符、八分音符のいずれかが１拍とされ、それぞれ２、４、８で示されます。

上の数字は、１拍とする音符が１小節内にいくつあるか（何拍子か）を示します。

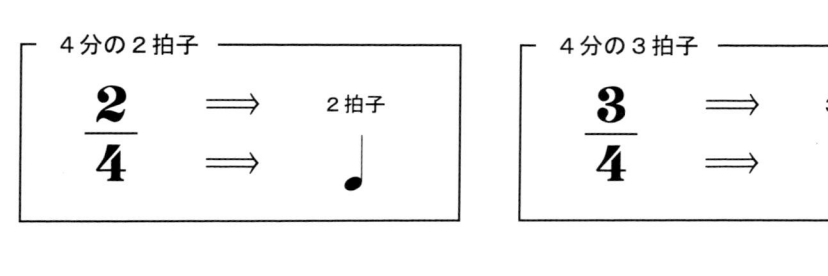

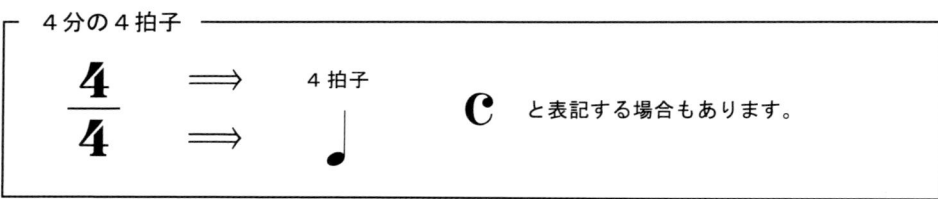

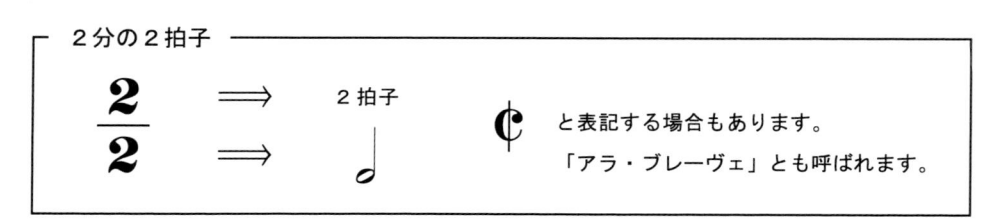

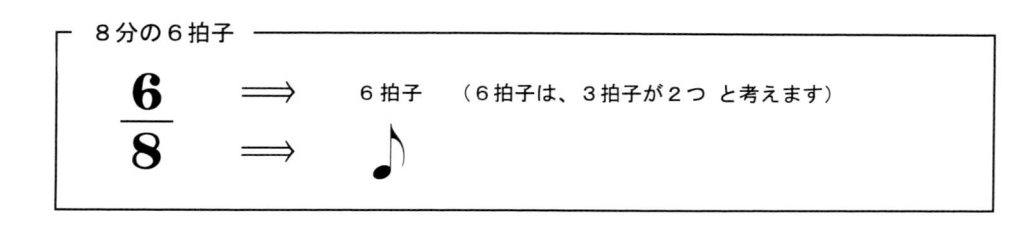

４分の２拍子

$\frac{2}{4}$
- 2 ⟹ ２拍子
- 4 ⟹ ♩

４分の３拍子

$\frac{3}{4}$
- 3 ⟹ ３拍子
- 4 ⟹ ♩

４分の４拍子

$\frac{4}{4}$
- 4 ⟹ ４拍子
- 4 ⟹ ♩

𝄴 と表記する場合もあります。

２分の２拍子

$\frac{2}{2}$
- 2 ⟹ ２拍子
- 2 ⟹ 𝅗𝅥

𝄵 と表記する場合もあります。
「アラ・ブレーヴェ」とも呼ばれます。

（ 𝄴 や 𝄵 は、中世ごろまでの記譜法のなごりです。）

８分の６拍子

$\frac{6}{8}$
- 6 ⟹ ６拍子　（６拍子は、３拍子が２つ と考えます）
- 8 ⟹ ♪

速習 3

音　　程

ポイント

1. 幹音の音程
2. 変化記号を伴う音程
3. 単音程・複音程

1. 幹音の音程

(1) 音程の基本

２つの音の隔たりを音程と呼び、「幹音どうしの隔たり」として「度」を使って表します。同じ高さの２つの音は１度、隣り合う２つの音は２度、１オクターブは８度になります。

ド（ハ音）からの音程を例にすると、次のようになります。

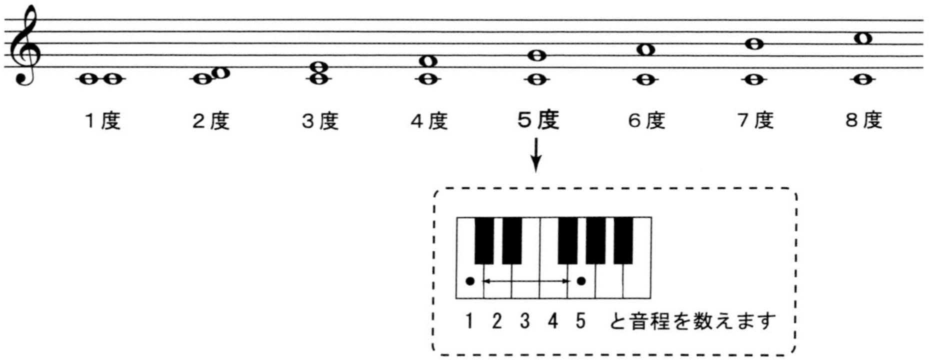

次の音程も確認してみましょう。

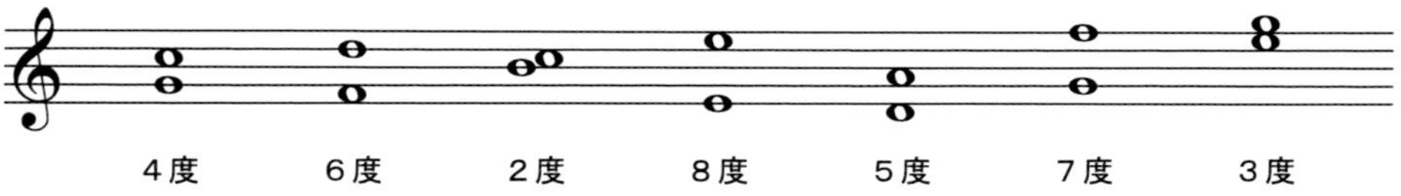

(2) 長・短を使う音程

以上の音程は、それらの音程を構成する半音や全音の数によってさらに分けることができます。このとき、半音どうしが隣り合う「ミ・ファ」と「シ・ド」の２ヶ所、または音程間にはさまれる黒鍵の数を、その区別の手がかりにすることができるので、以下の鍵盤図をそのヒントにして下さい。

２度、３度、６度、７度は、長・短を使って区別します。

① 2度

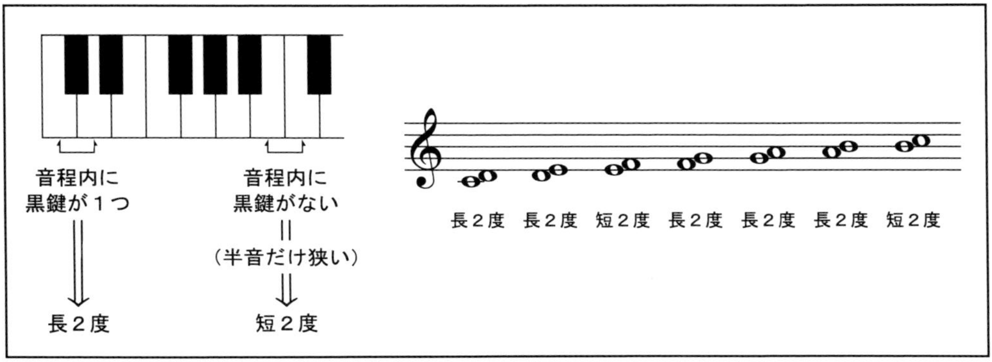
音程内に
黒鍵が１つ
長２度
音程内に
黒鍵がない
||
（半音だけ狭い）
短２度
長２度 長２度 短２度 長２度 長２度 長２度 短２度

② 3度

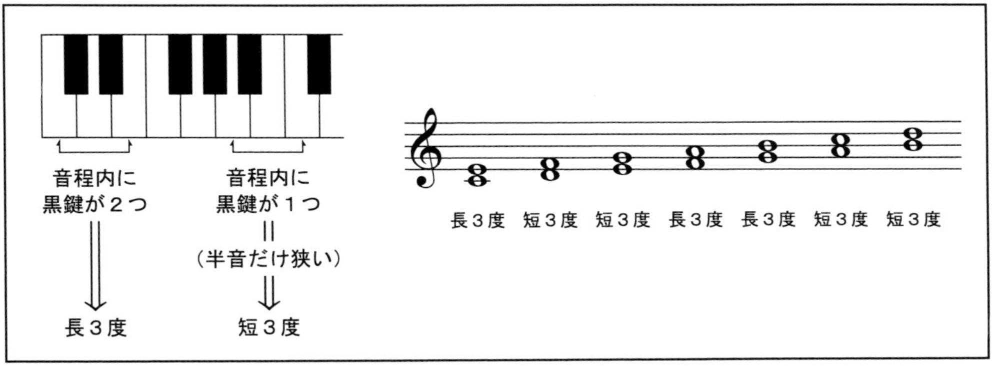
音程内に
黒鍵が２つ
長３度
音程内に
黒鍵が１つ
||
（半音だけ狭い）
短３度
長３度 短３度 短３度 長３度 長３度 短３度 短３度

③ 6度

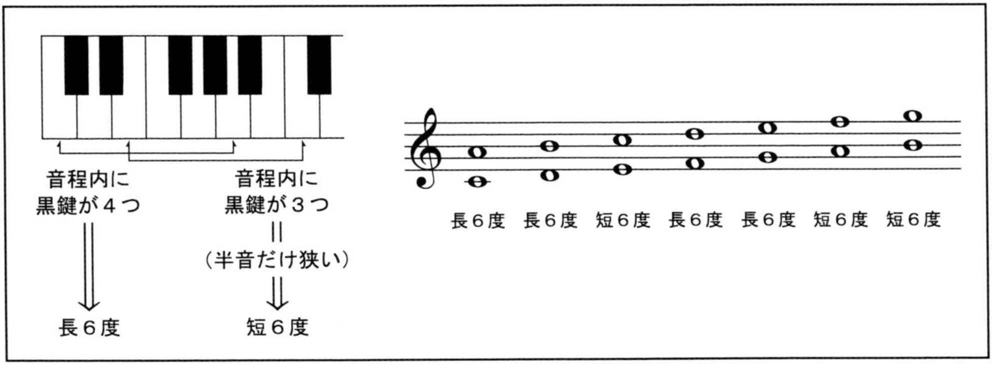
音程内に
黒鍵が４つ
長６度
音程内に
黒鍵が３つ
||
（半音だけ狭い）
短６度
長６度 長６度 短６度 長６度 長６度 短６度 短６度

④　７度

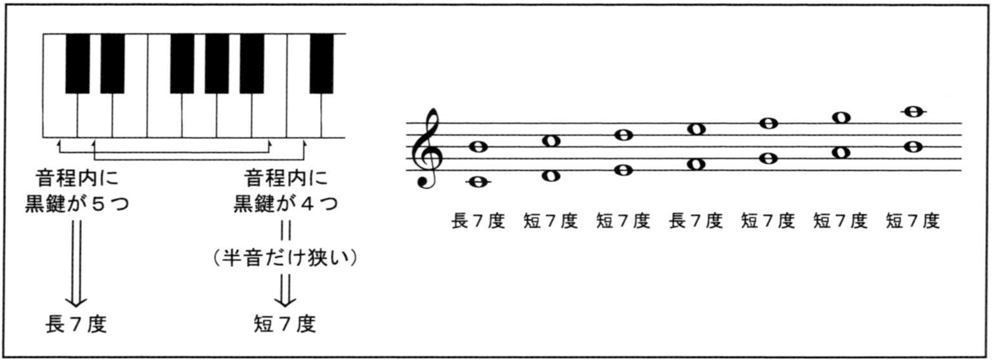

(3) 完全を使う音程

１度、４度、５度、８度は、完全・増・減を使って区別します。

①　１度、８度

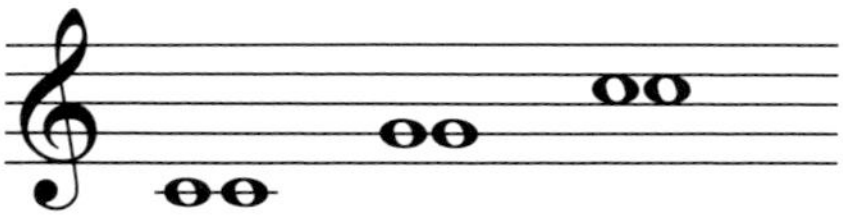

完全１度

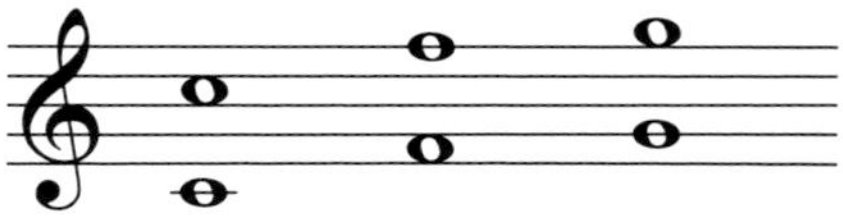

完全８度

②　４度

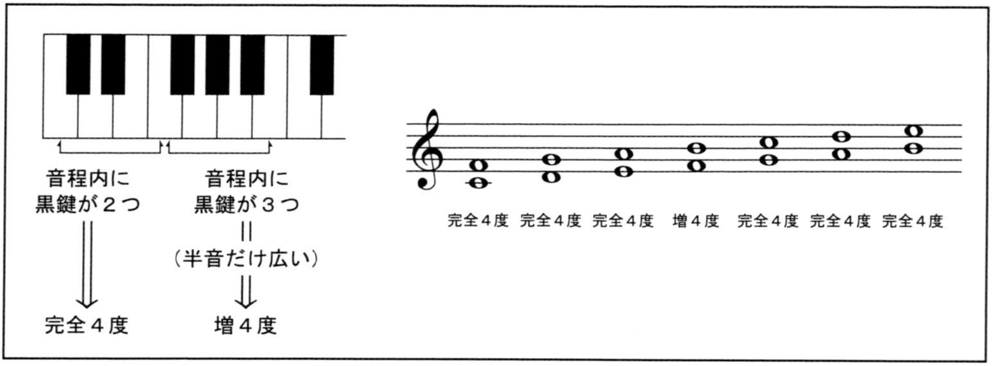

③　５度

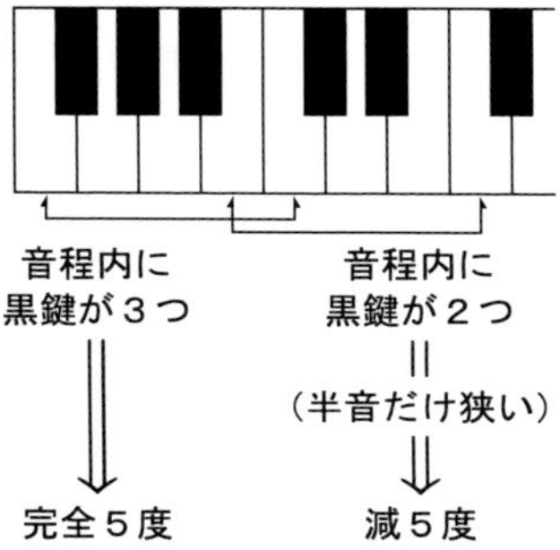

(4) 音程の転回

転回は、音の上下を入れ替えることをさします。

音程を転回すると「長・短」「増・減」はそれぞれ入れ替わりますが、「完全」は転回してもそのままです。

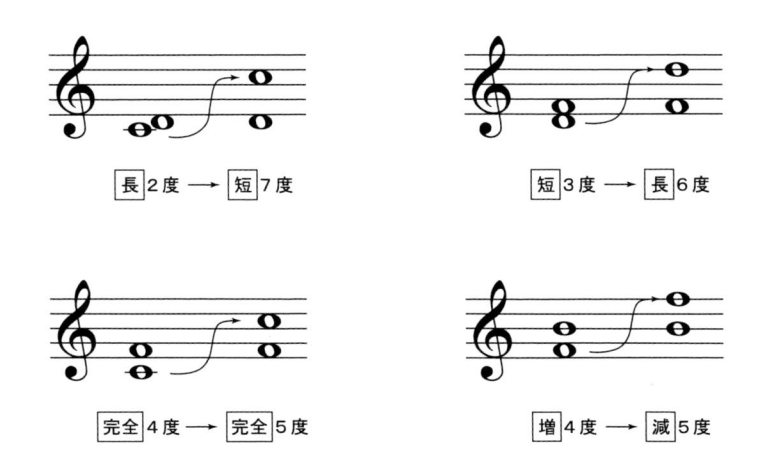

長２度 → 短７度

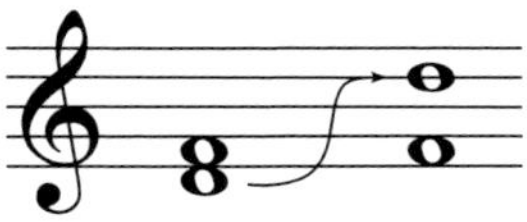

短３度 → 長６度

完全４度 → 完全５度

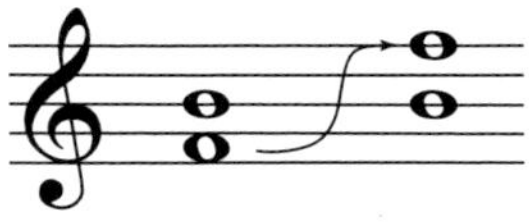

増４度 → 減５度

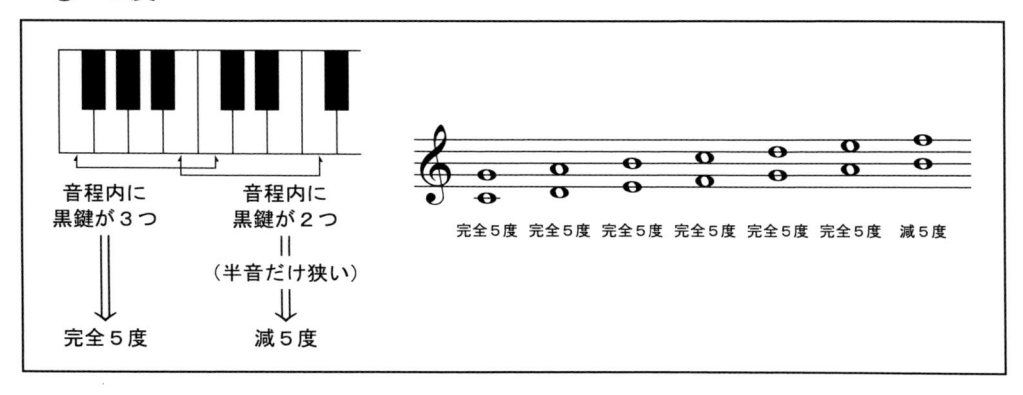

2. 変化記号を伴う音程

前項で学んだ幹音の音程に変化記号が付く場合は、音程の前に付けられる長・短・完全・増・減の語を変えて表されます。まず、各音程における長・短・完全・増・減の関係を確認しましょう。

	狭い ←― 音程が ―→ 広い			
1 度		完全 1 度		増 1 度
2 度	減 2 度	短 2 度	長 2 度	増 2 度
3 度	減 3 度	短 3 度	長 3 度	増 3 度
4 度	減 4 度	完全 4 度		増 4 度
5 度	減 5 度	完全 5 度		増 5 度
6 度	減 6 度	短 6 度	長 6 度	増 6 度
7 度	減 7 度	短 7 度	長 7 度	増 7 度
8 度	減 8 度	完全 8 度		増 8 度

（増より広い音程では「重増（じゅうぞう）」、減より狭い音程では「重減（じゅうげん）」を用います。）

上の表に従って、各音程に変化記号が付くときは、音程が広がれば右の語へ、狭くなれば左の語へ置き換えることになります。この変化記号のパターンと効果をまとめると、次の表のようになります。

変化記号のパターン	効　果	音程の結果
①　上の音に♯が付くとき	半音広くなる	短→長、長→増 完全→増
②　上の音に♭が付くとき	半音狭くなる	長→短、短→減 完全→減
③　下の音に♯が付くとき	半音狭くなる	長→短、短→減 完全→減
④　下の音に♭が付くとき	半音広くなる	短→長、長→増 完全→増
⑤　上の音に♯、下の音に♭が付くとき	半音×２　広くなる	短→（長）→増 減→（完全）→増
⑥　上の音に♭、下の音に♯が付くとき	半音×２　狭くなる	長→（短）→減 増→（完全）→減
⑦　両方の音に♯または♭が付くとき	元の音程のまま	変わらない

長・短を使う音程に変化記号が付く場合の例

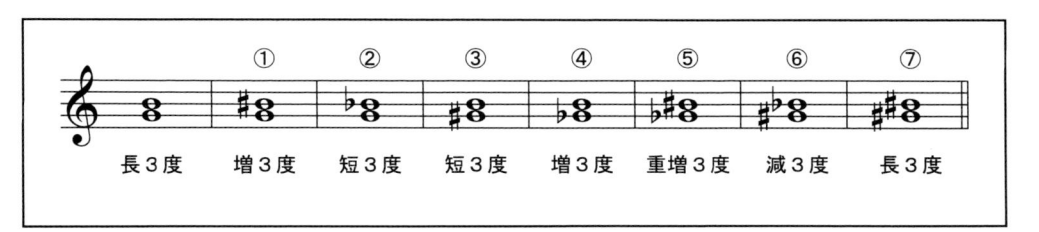

完全を使う音程に変化記号が付く場合の例

3. 単音程・複音程

これまで学んだ８度までの音程を単音程、８度以上の音程を複音程といいます。

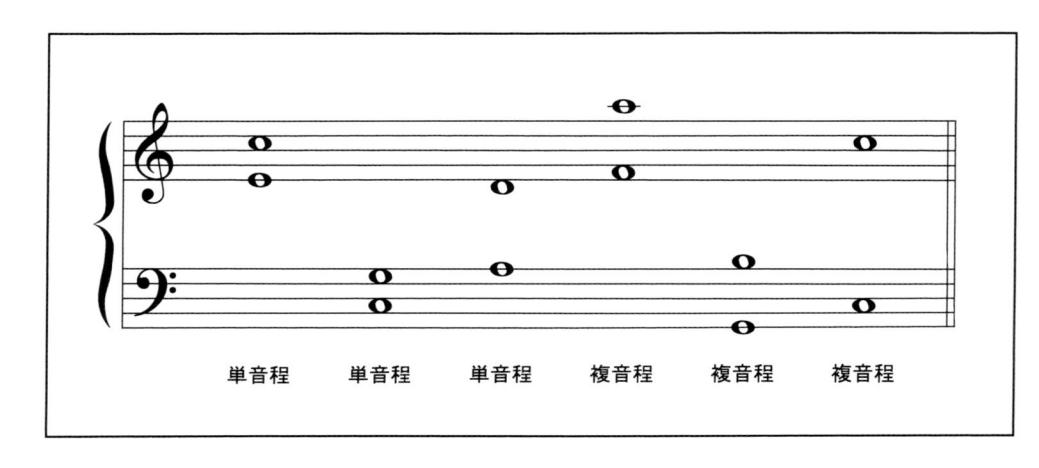

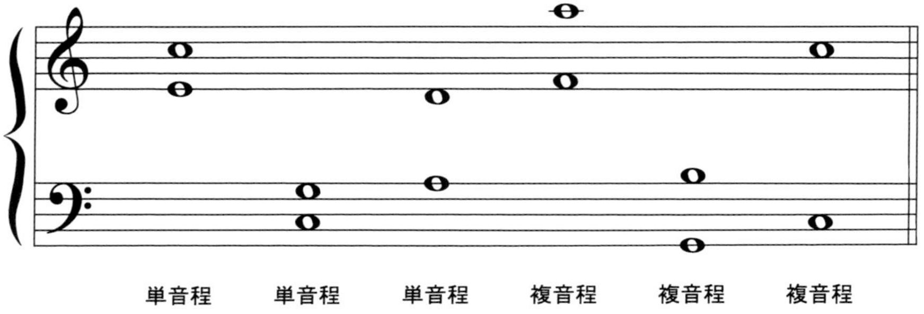

９度、10度などの音程は、そのまま使われる場合もありますが、

９度＝１オクターブ（完全８度）＋２度

10度＝１オクターブ（完全８度）＋３度

のように考え、１オクターブを省略して２度、３度のように単音程として見なすこともあります。（８度は、単音程とも複音程とも見なされます。）

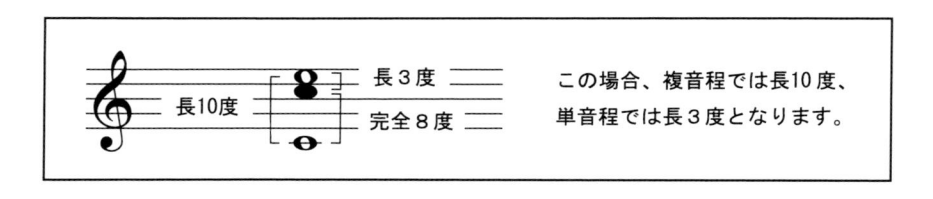

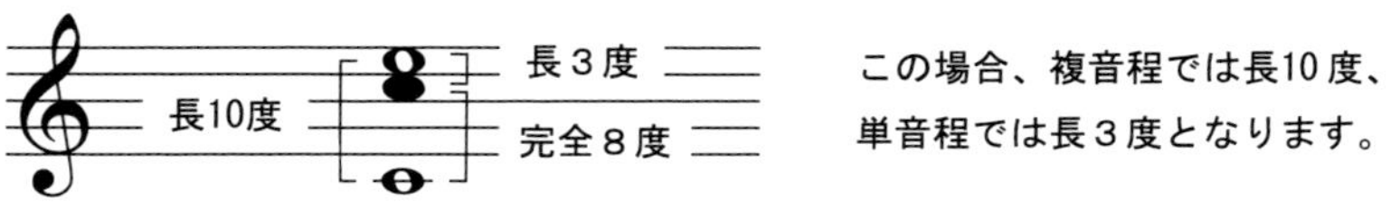

速習 4

音　　階

ポイント

1. 長調と短調
2. 近親調

1. 長調と短調

(1) 長調

長調は、隣り合った音が、全音（長２度）と半音（短２度）で次のように並ぶ音階です。

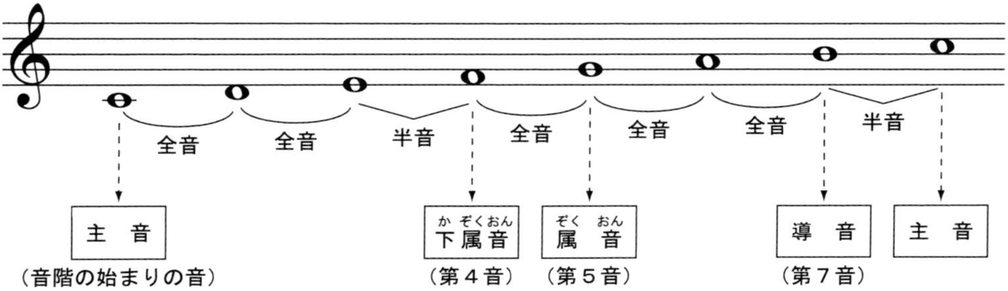

(2) 短調

① 自然短音階 ‥‥ 長調の第６音を主音として並ぶ音階です。

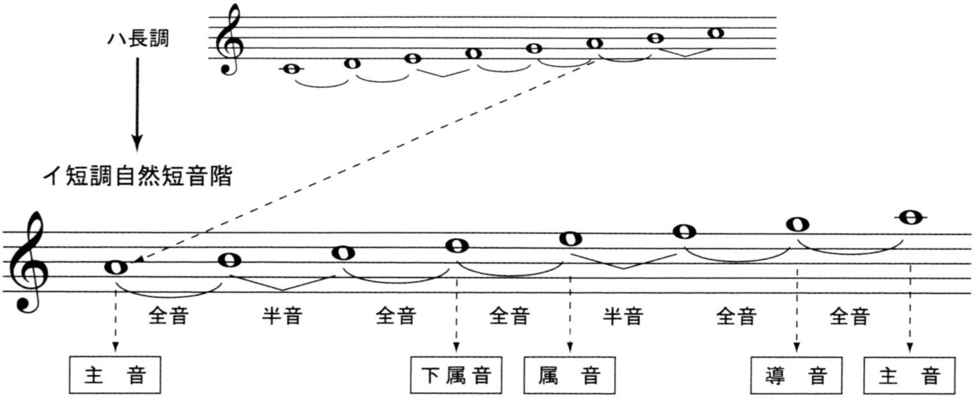

② 和声短音階 ‥‥ 自然短音階の第７音（導音）を半音上げて、導音らしい響きにした音階です。そのため、第６音と第７音の音程が増２度となります。

イ短調和声短音階

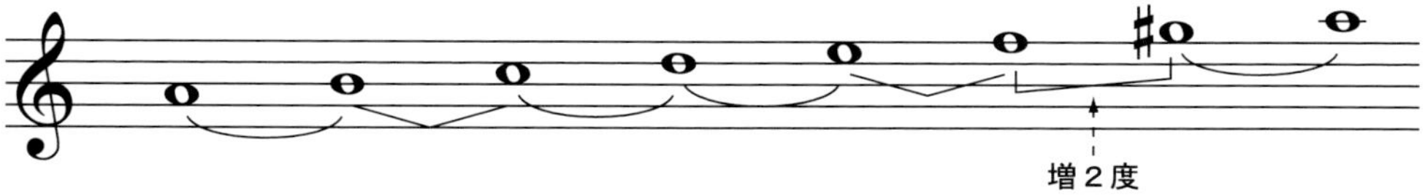

③ 旋律短音階 ‥‥ 第６音と第７音を半音上げて、なめらかな音列にした音階です。メロディーの中では、この旋律短音階の形で現れることが多くなります。

イ短調旋律短音階

(3) 五度圏

長調はハ長調から、短調はイ短調から、主音が完全５度上がるごとに調号の♯が１つずつ増え、主音が完全５度下がるごとに調号の♭が１つずつ増えます。この循環のしくみを五度圏といいます。

五度圏を、次の32ページは最下段、33ページは最上段の「ハ長調・イ短調」から確認しましょう。32ページ最上段の「嬰ヘ長調・嬰ニ短調」と、33ページ最下段の「変ト長調・変ホ短調」は異名同音です。

五 度 圏

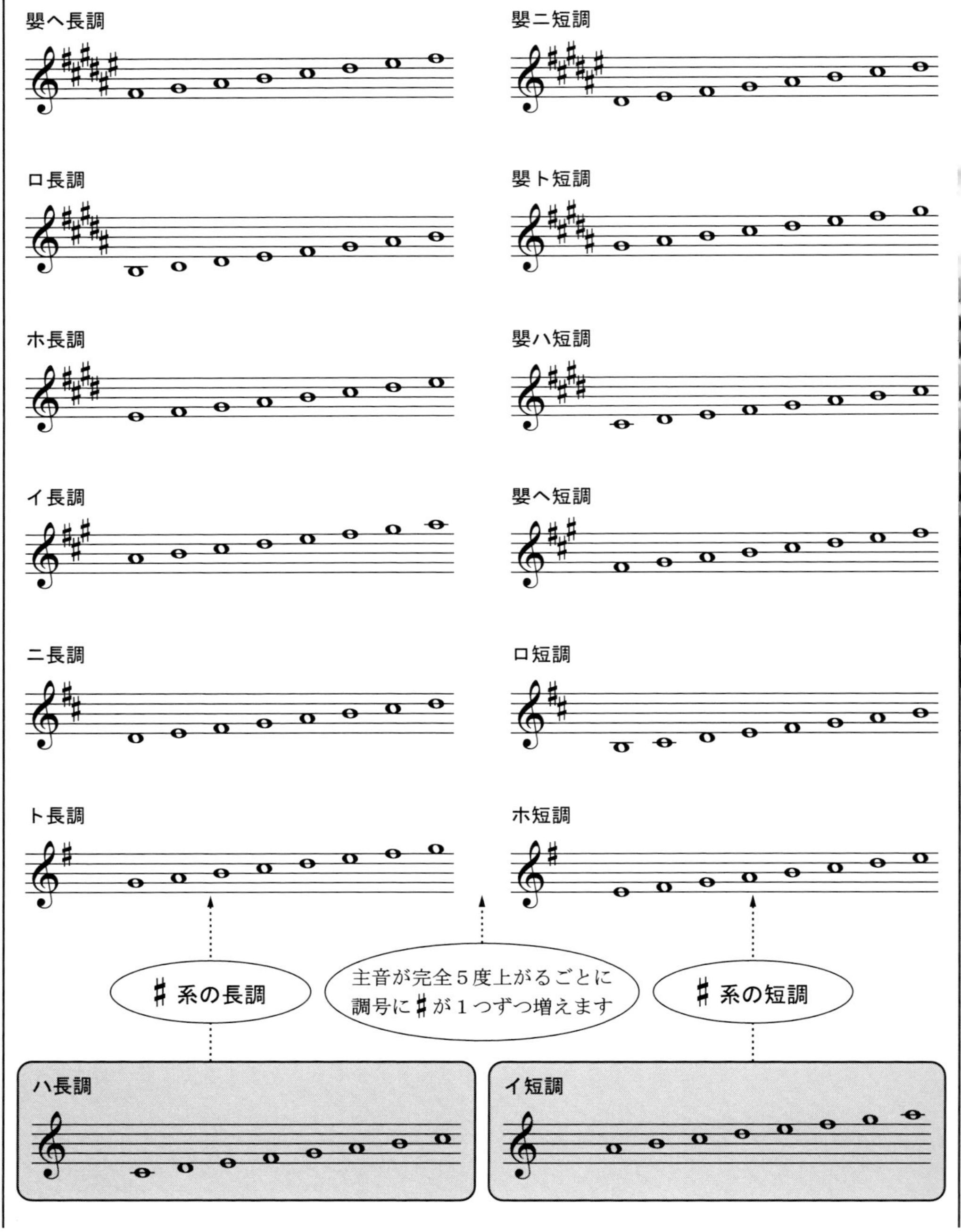
嬰ヘ長調
嬰ニ短調
ロ長調
嬰ト短調
ホ長調
嬰ハ短調
イ長調
嬰ヘ短調
ニ長調
ロ短調
ト長調
ホ短調
♯ 系の長調
主音が完全５度上がるごとに
調号に♯が１つずつ増えます
♯ 系の短調
ハ長調
イ短調

ハ長調

イ短調

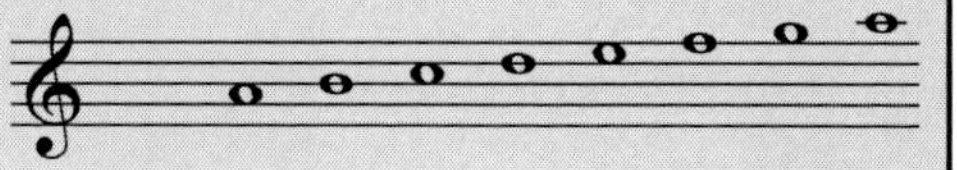

♭系の長調

主音が完全５度下がるごとに
調号に♭が１つずつ増えます

♭系の短調

へ長調

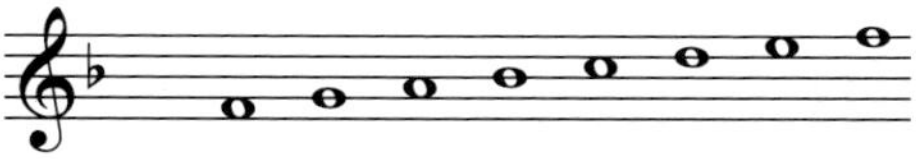

ニ短調

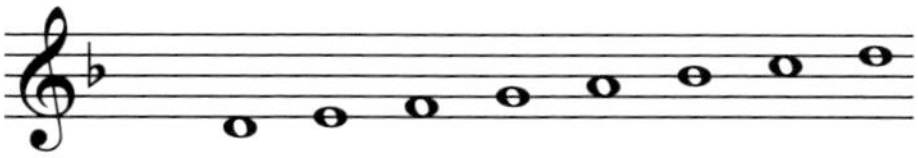

変ロ長調

ト短調

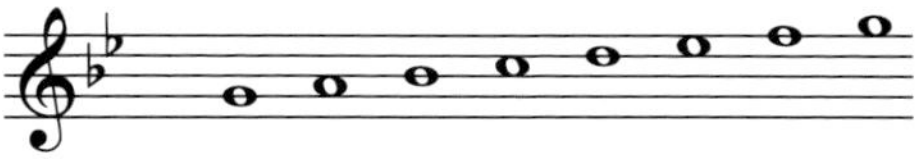

変ホ長調

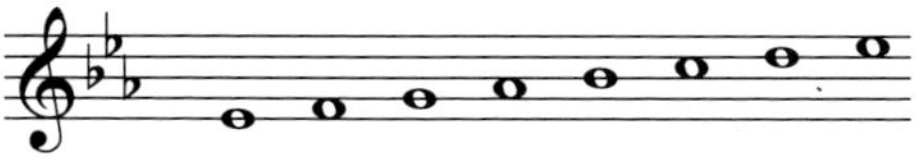

ハ短調

変イ長調

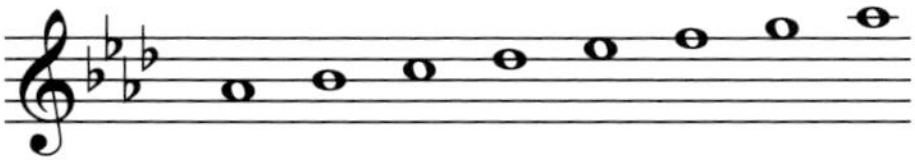

へ短調

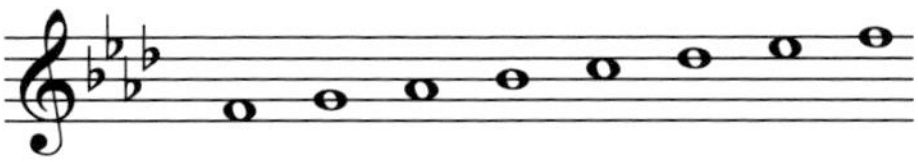

変ニ長調

変ロ短調

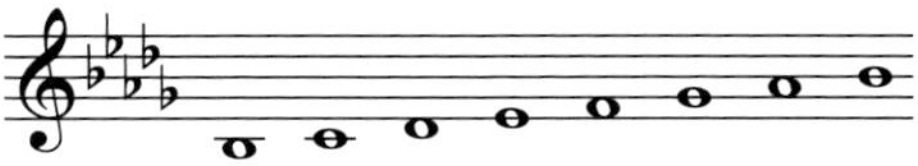

変ト長調（嬰へ長調と異名同音）

変ホ短調（嬰ニ短調と異名同音）

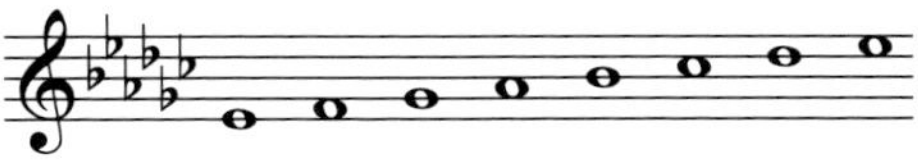

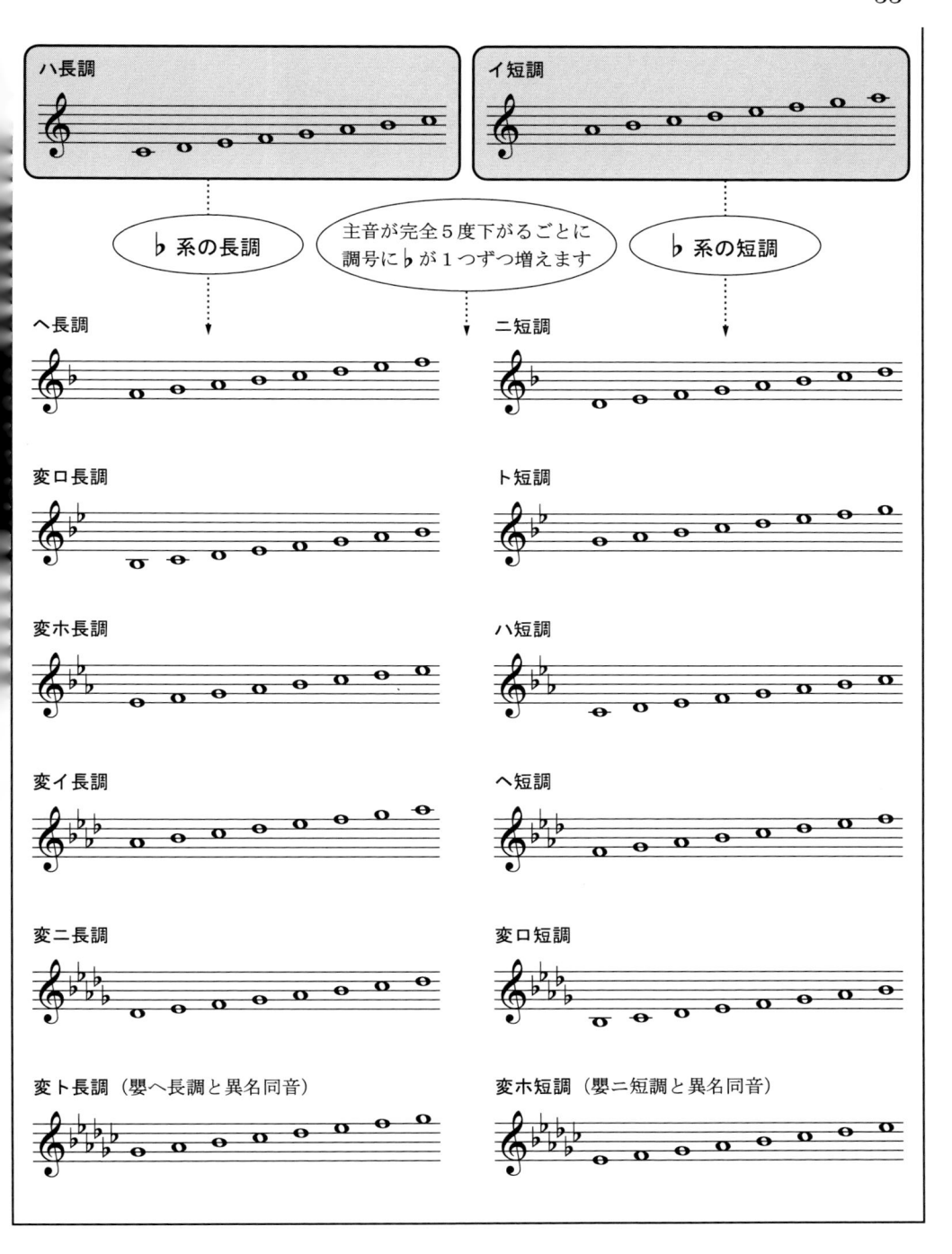

2. 近親調

異名同音を分けずに数えると、長調と短調は全部で24調ありますが、ある調と近い関係の調を近親調といいます。

ある調にとっての近親調は、「平行調」「同主調」「属調」「下属調」の４つがあります。

(1) 平行調

同じ調号の長調と短調です。

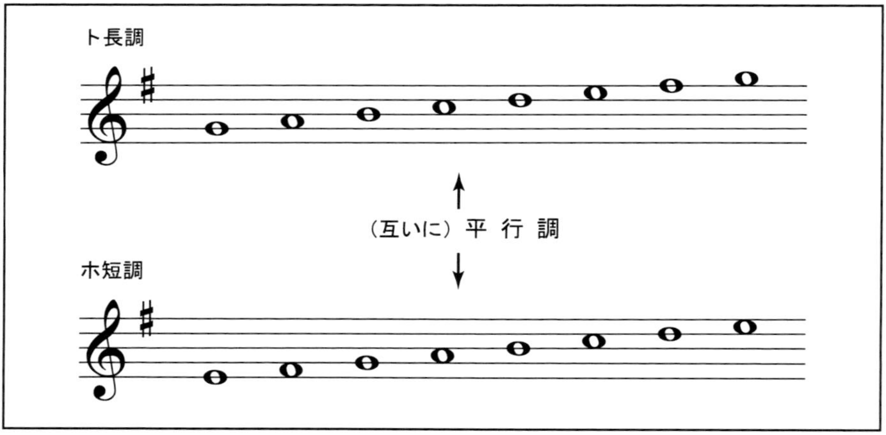

(2) 同主調

主音が同じ（同じ音から始まる）長調と短調です。

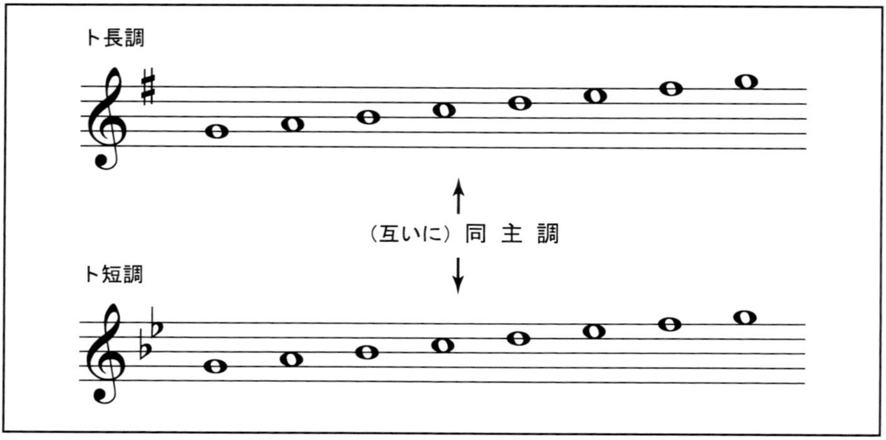

(3) 属調

属音（音階の第５音）から始まる調 ‥‥ 完全５度上の調

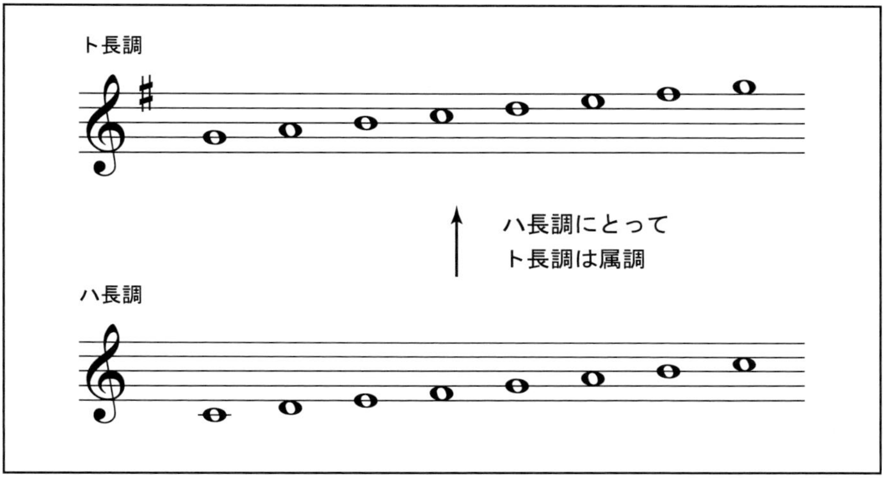

(4) 下属調

下属音（音階の第４音）から始まる調 ‥‥ 完全５度下の調

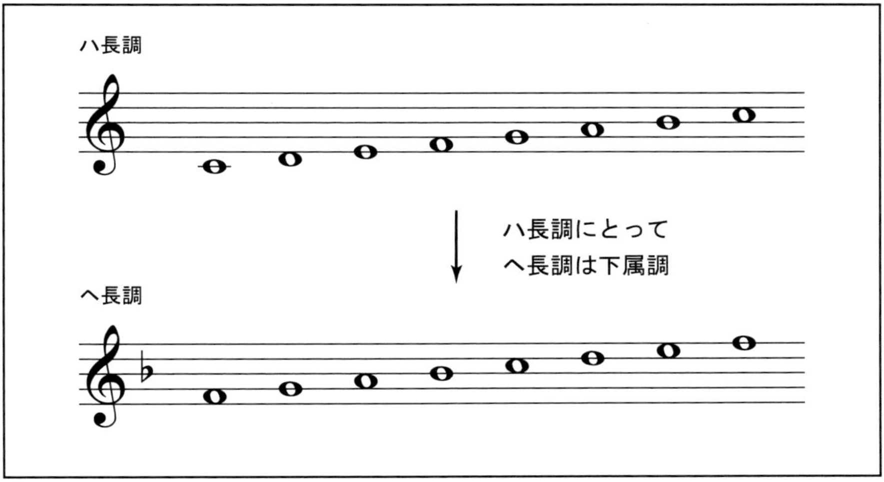

(5) 五度圏での関係

32～33ページの五度圏では、次のような近親調の関係でつながっています。

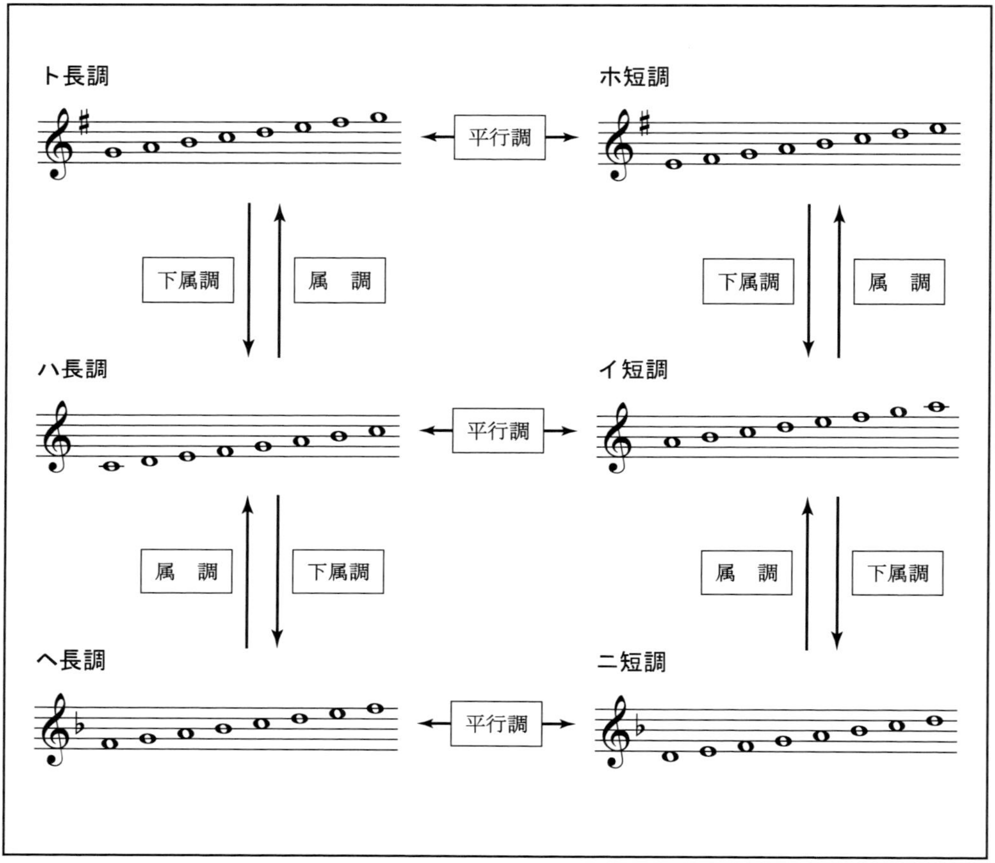

速習 5

和音とコードネーム

ポイント

1. 和音
2. 和音の種類とコードネーム

1. 和音

(1) 和音の基本形・転回形

音が２つ重なったものを重音、３つ以上重なったものを和音と呼びます。

音が３つ重なった和音は「三和音（さんわおん）」、４つ重なった和音は「四和音（しわおん）」（または「七（しち）の和音」）といいます。

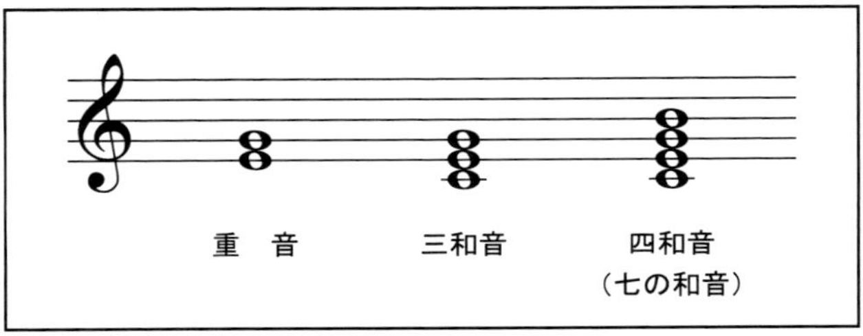

３度ずつ積み上げた形を和音の基本形といい、下の音から「根音（こんおん）」「第三音」「第五音」「第七音」と呼びます。また、和音の音は、下の音（根音）から読みます。

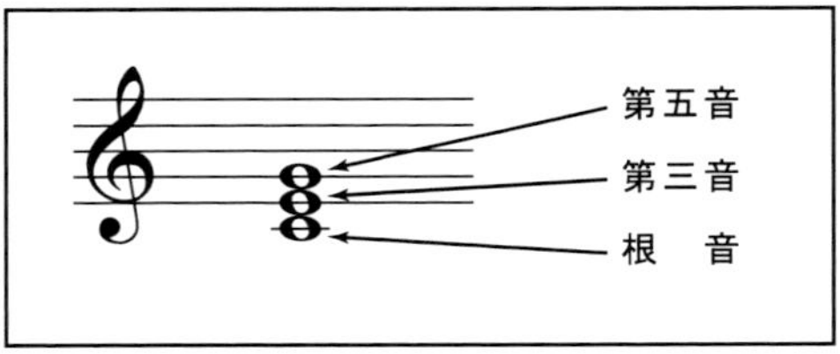

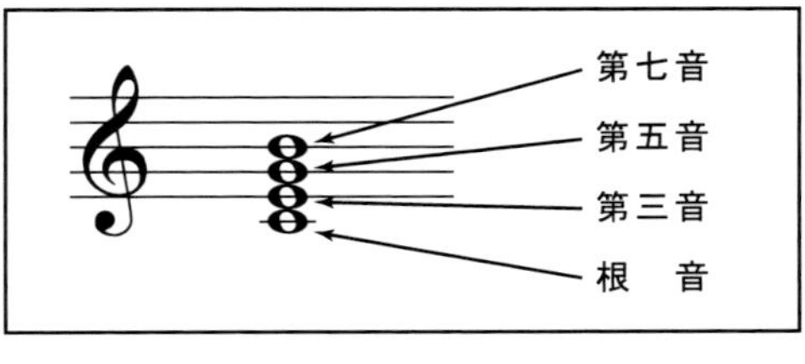

音の積み上げ方（配置）を変えることを「和音の転回」、また転回した形を「転回形」といいます。

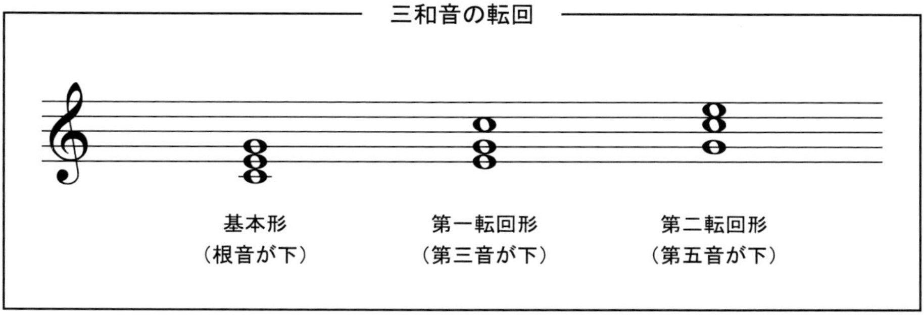

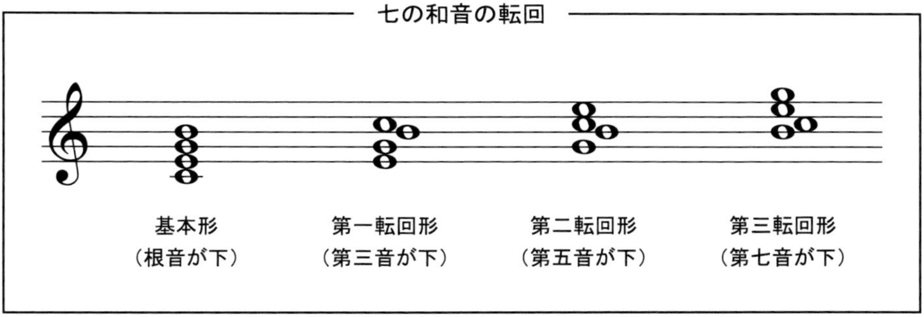

(2) ダイアトニックコードと主要三和音

和音は英語で「コード」と呼びます。音階の７つの音だけを用いて、各音の上に３度ずつ重ねた和音をダイアトニックコードといい、それぞれの和音をローマ数字（ⅠⅡⅢ‥‥）を使って表し、「１度」「２度」‥‥のように読みます。

ダイアトニックコードの中でも、Ⅰ、Ⅳ、Ⅴの３つの和音は、音楽の進行上の骨格となる大切な働きをすることが多いため、「主要三和音」と呼ばれます。

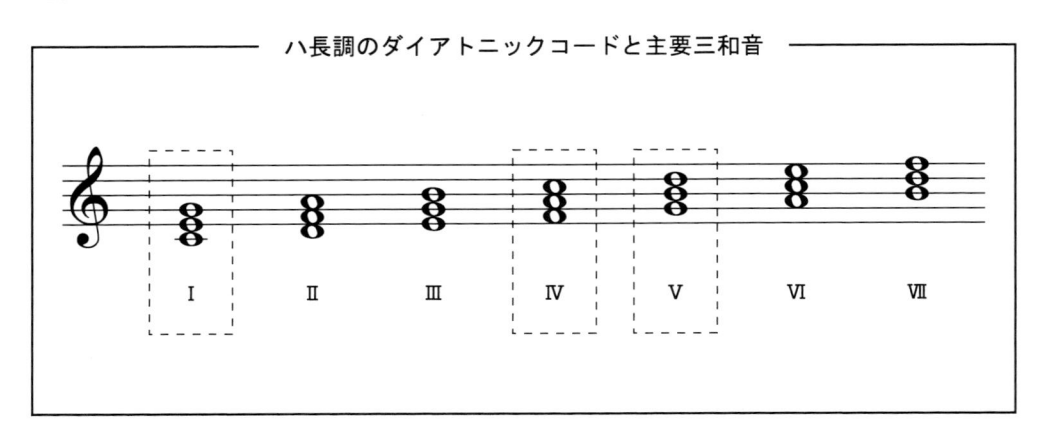

ハ長調のダイアトニックコードと主要三和音

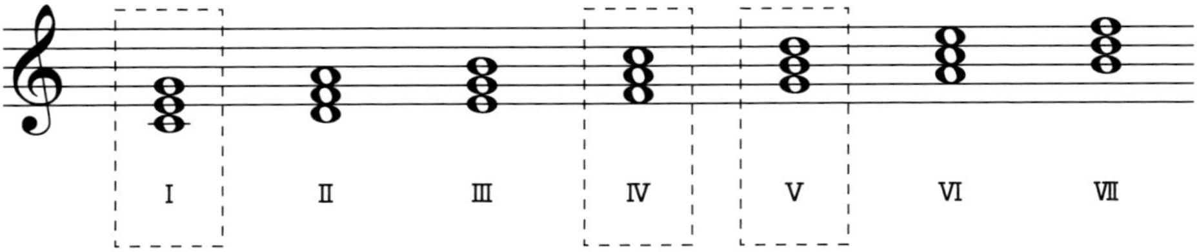

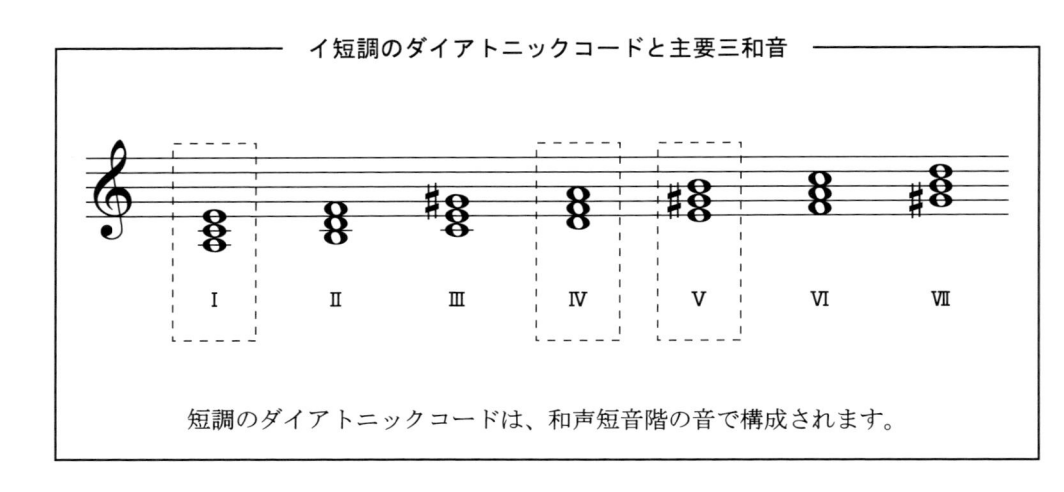

イ短調のダイアトニックコードと主要三和音

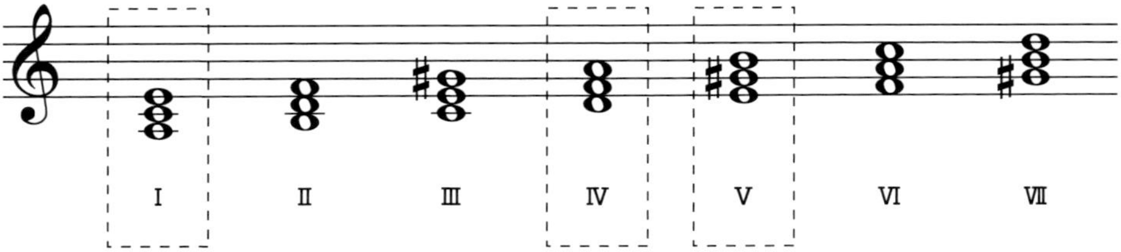

短調のダイアトニックコードは、和声短音階の音で構成されます。

主要三和音のⅠには収束感、Ⅳには広がりや進行感、Ⅴには収束へ向かおうとする動きがあり、それぞれの機能をトニック（しばしばＴと省略）、サブドミナント（Ｓ）、ドミナント（Ｄ）と呼びます。また、ドミナントからトニック（Ⅴ→Ⅰ）へ進行することを「ドミナント・モーション」といいます。

2. 和音の種類とコードネーム

和音は、長３度と短３度をどのように組み合わせて積み上げるかによっていくつかの種類に分けられます。また、コードネームは、根音（ルート）に和音（コード）の種類を付けて表します。

(1) 三和音（トライアド）

和音の基本となる三和音には、主に次の４種類があります。

長三和音
||
メジャー・トライアド
（メジャー・コード）

C

シー（メジャー・トライアド）

短三和音
||
マイナー・トライアド
（マイナー・コード）

Cm

シー・マイナー（トライアド）

増三和音
||
オーグメント・トライアド
（オーグメント・コード）

Caug

シー・オーグメント（トライアド）

減三和音
||
ディミニッシュ・トライアド
（ディミニッシュ・コード）

Cdim

シー・ディミニッシュ（トライアド）

(2) 七の和音（セブンス・コード）

七の和音には、主に次の７種類があります。

長七の和音
||
メジャー・セブンス・コード

CM7 / C△7

シー・メジャー・セブンス

属七の和音
||
ドミナント・セブンス・コード

C7

シー（ドミナント）・セブンス

マイナー・メジャー・セブンス・コード

CmM7 / Cm△7

シー・マイナー・メジャー・セブンス

短七の和音
||
マイナー・セブンス・コード

Cm7

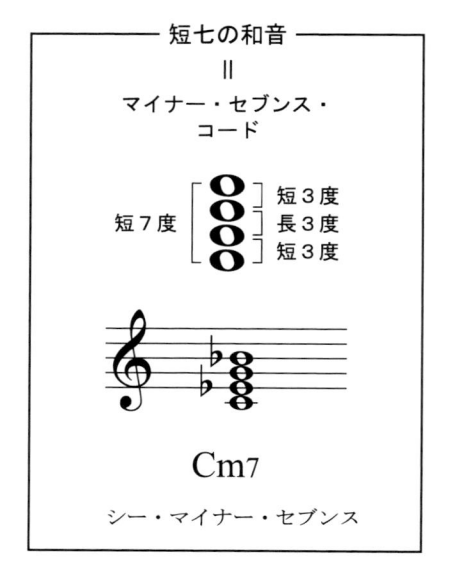

シー・マイナー・セブンス

オーグメント・メジャー・
セブンス・コード

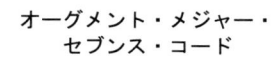

CaugM7 / Caug△7

シー・オーグメント・メジャー・セブンス
（または シー・メジャー・セブンス・
シャープ・ファイブ）

マイナー・セブンス・
フラット・ファイブ・コード
（ハーフ・ディミニッシュ）

Cm7（♭5）

シー・マイナー・セブンス・
フラット・ファイブ
（または シー・ハーフ・ディミニッシュ）

減七の和音
||
ディミニッシュ・セブンス・
コード

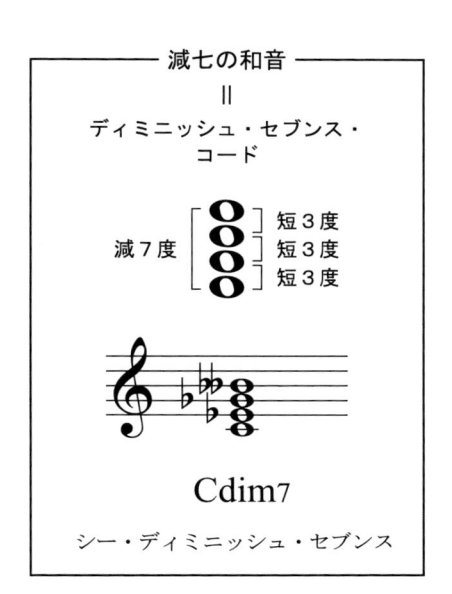

Cdim7

シー・ディミニッシュ・セブンス

(3) サスペンディッド・フォース・コード

サスペンディッド・フォース・コードは、メジャー・コードまたはドミナント・セブンス・コードの第３音が半音上がって、ルートから完全４度になっているものです。

サスペンディッド・フォース・コード

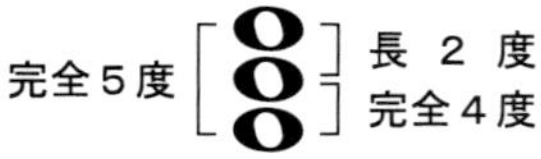

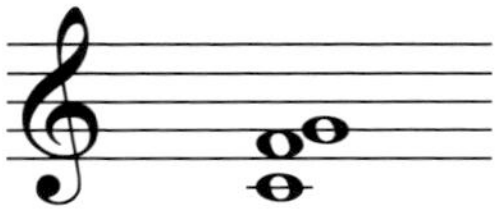

Csus4

シー・サスペンディッド・フォース
(シー・サス・フォー)

ドミナント・セブンス・サスペンディッド・フォース・コード

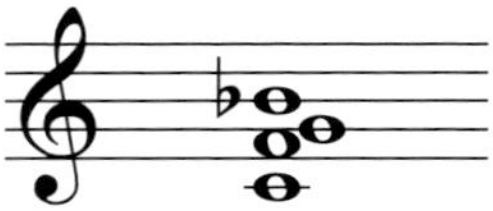

C7sus4

シー・セブンス・サスペンディッド・フォース
(シー・セブン・サス・フォー)

(4) シックスス・コード

シックスス・コードは、セブンス・コードのルートが上に配置された形で、次の２種類があります。

メジャー・シックスス・コード

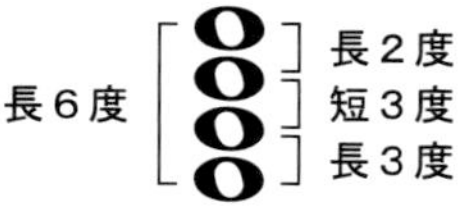

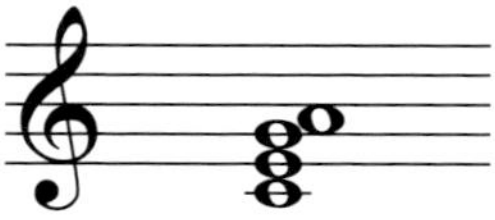

C6

シー・シックスス

マイナー・シックスス・コード

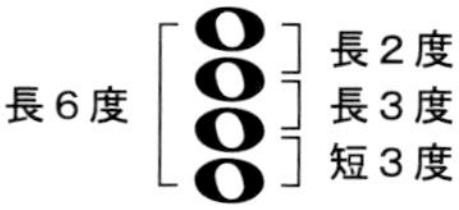

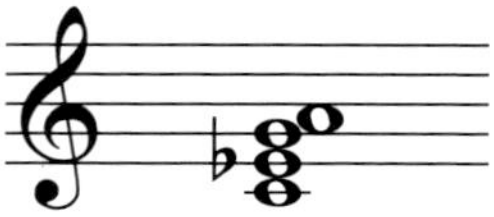

Cm6

シー・マイナー・シックスス

(5) テンション

以上は、和音の構成音が１オクターブ以内でしたが、ジャズでは、１オクターブを越えて３度ずつ重ねた音も、「テンション」としてコードを形成します。

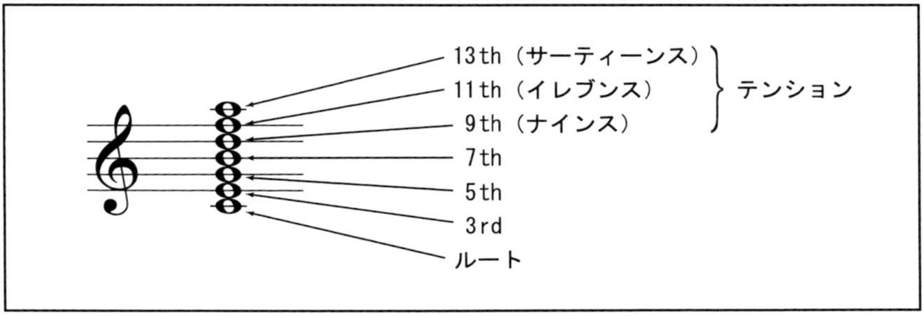

テンションとして 9th、11th、13th を使うためには、7thが必要で、それ以外の場合は、add（アド）コードとして扱われます。

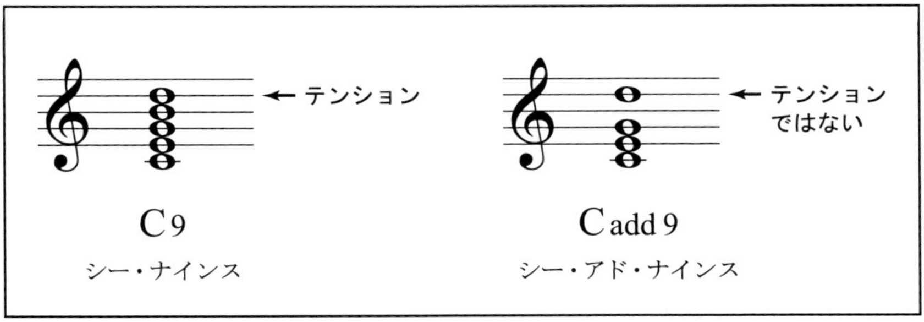

(6) ダイアトニック・コードのコードネーム

トライアドとセブンス・コードで、ハ長調とイ短調のダイアトニック・コードのコードネームを確認しましょう。

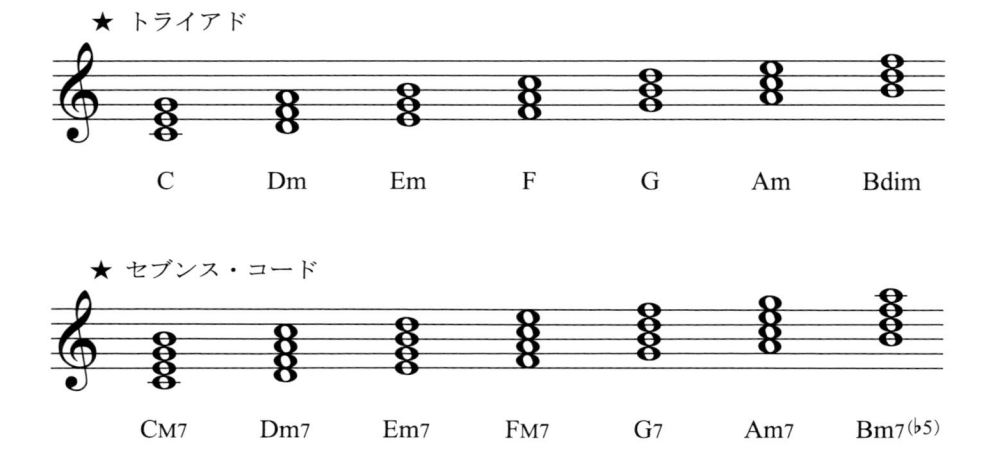

① ハ長調のダイアトニック・コード

★ トライアド

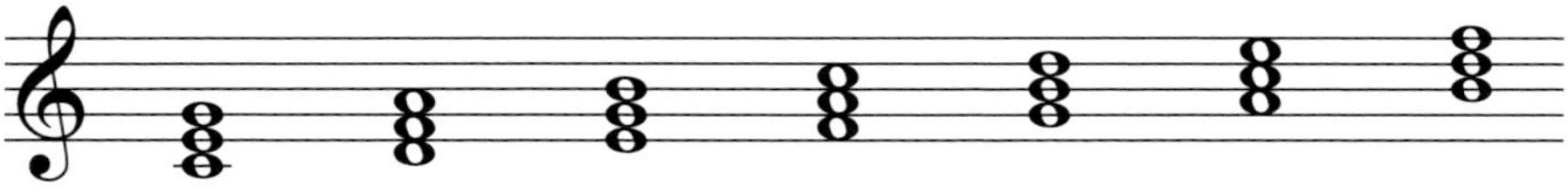

C　Dm　Em　F　G　Am　Bdim

★ セブンス・コード

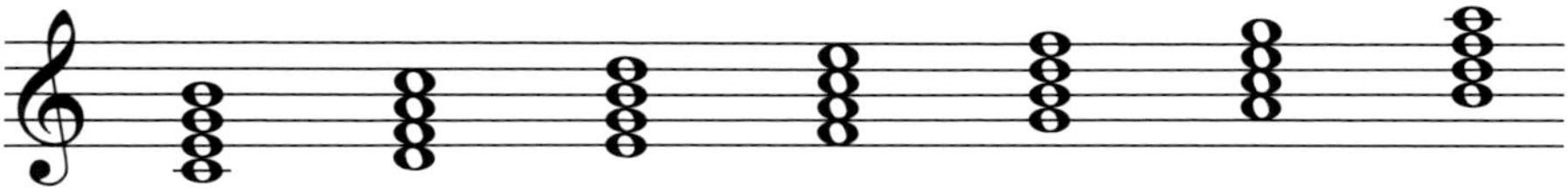

CM7　Dm7　Em7　FM7　G7　Am7　Bm7(♭5)

② イ短調のダイアトニック・コード

★ トライアド

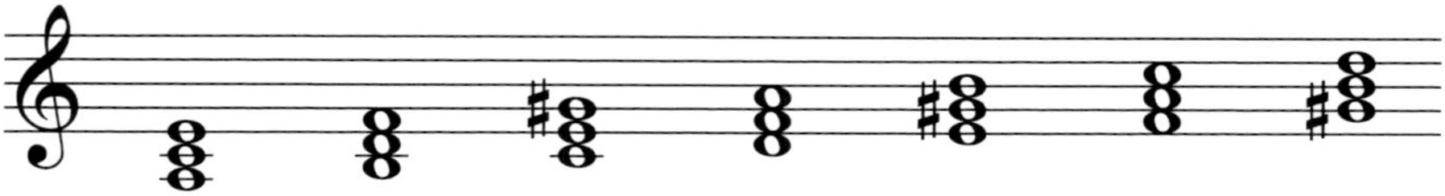

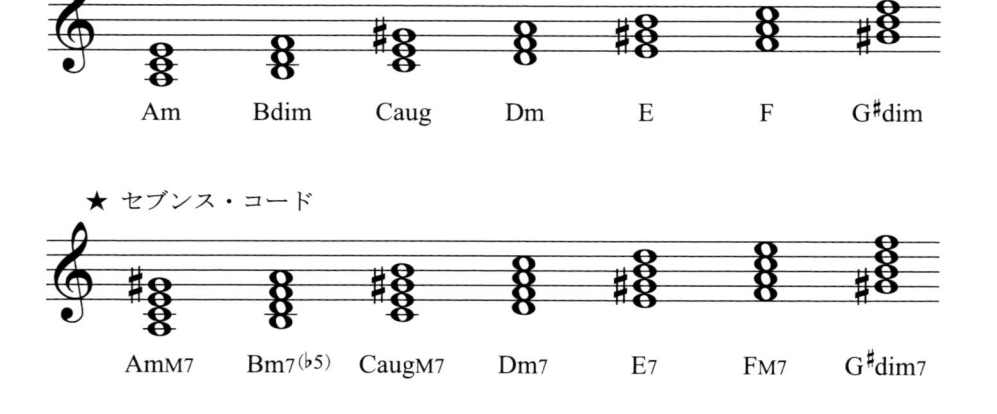

Am　Bdim　Caug　Dm　E　F　G♯dim

★ セブンス・コード

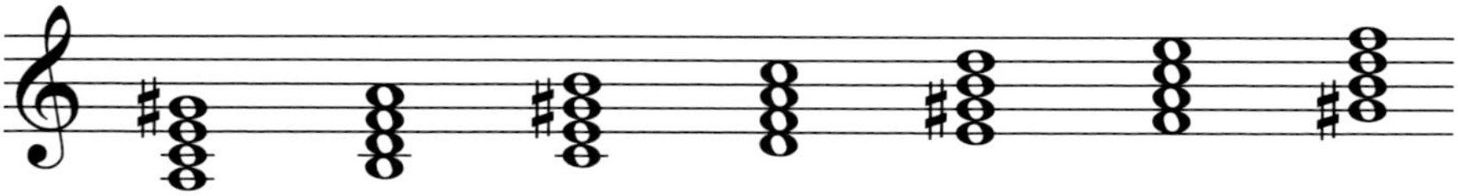

AmM7　Bm7(♭5)　CaugM7　Dm7　E7　FM7　G♯dim7

速習 6

速度・強弱・曲想・奏法の指示方法

ポイント

1. 速度表示
2. 速度の変化の表示
3. 強弱記号
4. 発想標語
5. 奏法についての用語
6. 指示に付加する語

1. 速度表示

(1) 数字による表示

M.M. ♩＝60　(または ♩＝60)

♩ を 1 分間に 60 回打つ速さを表します。
M.M. は、「メルツェルのメトロノーム」の意味です。

(2) ことばによる表示

① 基本の速度標語

Largo	［ラルゴ］	幅広くゆっくりと
Lento	［レント］	遅く
Adagio	［アダージョ］	ゆるやかに
Andante	［アンダンテ］	歩く速さで（やや遅く）
Moderato	［モデラート］	中庸の速さで
Allegro	［アレグロ］	快速に
Vivace	［ヴィヴァーチェ］	快活に
Presto	［プレスト］	急速に

② 基本の速度標語の接尾語によって意味を強めたり弱めたりもします。

-issimo　きわめて～に（意味を強める）

Largo ⇒ Larghissimo［ラルギッシモ］
Lento ⇒ Lentissimo［レンティッシモ］
Presto ⇒ Prestissimo［プレスティッシモ］

-etto　-ino　やや～に（意味を弱める）

Largo ⇒ Larghetto［ラルゲット］
Adagio ⇒ Adagietto［アダジェット］
Allegro ⇒ Allegretto［アレグレット］
Andante ⇒ Andantino［アンダンティーノ］

③ 以上を整理して遅いものから速いものへ並べると次のようになります。

Larghissimo	きわめて遅く	
Lentissimo		
Largo	幅広くゆっくりと	遅く
Lento	遅く	
Adagio	ゆるやかに	
Larghetto	やや遅く	
Adagietto		
Andante	歩く速さで（やや遅く）	
Andantino	Andante より少し速く（やや遅く）	
Moderato	中庸の速さで	
Allegretto	Allegro より少し遅く（やや速く）	
Allegro	快速に	速く
Vivace	快活に	
Presto	急速に	
Prestissimo	きわめて急速に	

2. 速度の変化の表示

(1) 速度の新たな変化の指示

それまでの速さに比較して表現されるとき、più［ピウ］（より多く）、meno［メノ］（より少なく）が用いられます。

① Allegro と Lento が単に「速い」「遅い」という意味として組み合わされることがあります。

più Allegro（今までより速く）　　meno Allegro（今までより遅く）
più Lento（今までより遅く）　　meno Lento（今までより速く）

② mosso［モッソ］（動き）と組み合わせることもあります。

più mosso（今までより速く）　　meno mosso（今までより遅く）

(2) その他の速度変化を指示する用語

ritardando（rit.）［リタルダンド］	だんだん遅く
rallentando（rall.）［ラレンタンド］	
accelerando（accel.）［アッチェレランド］	だんだん速く
stringendo［ストリンジェンド］	
ritenuto（riten.）［リテヌート］	すぐに遅く
a tempo［ア・テンポ］	もとの速さで
Tempo I［テンポ・プリモ］	はじめの速さで
L'istesso tempo［リステッソ・テンポ］	同じ速さで
tempo rubato［テンポ・ルバート］	自由に緩急して
ad libitum［アド・リビトゥム］	
tempo guisto［テンポ・ジュスト］	正確な速さで
in tempo［イン・テンポ］	一定の速さで
Tempo di～［テンポ・ディ・～］	～の速さで＊

＊「～」には Marcia（行進曲）、Minuetto（メヌエット）、Valse（ワルツ）など、速度のイメージを了解しているとされる曲種が入ります。

3. 強弱記号

(1) 基本の強弱表示

基本の語 Forte（強く）、Piano（弱く）を ***f***、***p*** で表し、意味を弱める意味の mezzo を ***m*** で表して付け加えたり、さらに ***f***、***p*** を重ねることによってその度合いを強調して表されます。

fff	［フォルテ・フォルティッシモ］	（***ff*** より）きわめて強く
ff	［フォルティッシモ］	きわめて強く
f	［フォルテ］	強く
mf	［メゾ・フォルテ］	やや強く
mp	［メゾ・ピアノ］	やや弱く
p	［ピアノ］	弱く
pp	［ピアニッシモ］	きわめて弱く
ppp	［ピアノ・ピアニッシモ］	（***pp*** より）きわめて弱く

(2) 強弱の変化の表示

crescendo（cresc.）	［クレッシェンド］	次第に強く
<		
diminuendo（dim.）	［ディミニュエンド］	次第に弱く
decrescendo（decresc.）	［デクレッシェンド］	
>		

(3) 強弱の変化と速度変化を表す用語

allargando ［アラルガンド］	次第に幅広く	次第に強めながら遅く
largando ［ラーガンド］		
calando ［カランド］	次第に穏やかに	次第に弱めながら遅く
morendo ［モレンド］	命の絶えるように	
smorzando ［スモールツァンド］	消えるように	
perdendosi ［ペルデンドージ］		

(4) 局部的な強弱変化を表す用語

> ∧	［アクセント］	その音を特に強く
sf *sfz*	［スフォルツァンド］	
fz	［フォルツァンド］	
rf *rfz* *rinf*	［リンフォルツァンド］*	

* リンフォルツァンドの方が、スフォルツァンドとフォルツァンドより強いとされます。

4. 発想標語

曲想についての用語を発想標語といいます。アルファベット順に示します。

affettuoso ［アフェトゥオーゾ］	愛情をこめて
agitato ［アジタート］	せきこんで
amabile ［アマービレ］	愛らしく

animato ［アニマート］ （con anima［コン・アニマ］）	活気をもって、生き生きと
appassionato ［アパショナート］	熱情的に、情熱的に
arioso ［アリオーゾ］	歌うように
brillante ［ブリランテ］	輝かしく、華やかに
con brio ［コン・ブリオ］	生き生きと
cantabile ［カンタービレ］	歌うように
capriccioso ［カプリチオーゾ］	気まぐれに
comodo（commodo） ［コーモド］	気楽に
dolce ［ドルチェ］	柔らかく、愛らしく、甘く
dolente ［ドレンテ］	悲しげに
elegante ［エレガンテ］	優雅に
elegiaco ［エレジアーコ］	悲しみを訴えるように
energico ［エネルジーコ］ （con energia［コン・エネルジア］）	力強く、精力的に
espressivo ［エスプレシーヴォ］ （con espressione［コン・エスプレシオーネ］）	表情豊かに
feroce ［フェローチェ］	野性的に激しく
con fuoco ［コン・フォーコ］	熱烈に、火のように
giocoso ［ジョコーゾ］	楽しげに、陽気に
grandioso ［グランディオーゾ］	堂々と、壮大に
grave ［グラーヴェ］	重々しく、壮大に
grazioso ［グラツィオーゾ］ （con grazia［コン・グラツィア］）	優雅に、気品をもって
impetuoso［インペトゥオーゾ］	激情的に
lamentabile ［ラメンタービレ］ （lamentoso［ラメントーゾ］）	悲しげに
leggiero ［レジェーロ］	軽く
maestoso ［マエストーゾ］	威厳をもって、おごそかに
marcato ［マルカート］	はっきりと

marciale（marziale）［マルツィアーレ］	行進曲ふうに
misterioso ［ミステリオーゾ］	神秘的に
con moto ［コン・モート］	動きをつけて
nobilmente ［ノービルメンテ］	上品に
passionate ［パショナーテ］	感情的に、情熱的に
pastorale ［パストラーレ］	牧歌風に、のどかに
patetico ［パテティーコ］	悲愴に
pesante ［ペザンテ］	重々しく
piacevole ［ピアチェヴォーレ］	愛らしく、気持ちよく
religioso ［レリジォーゾ］	宗教的に
risoluto ［リゾルート］	決然と、きっぱりと
rusticana ［ルスティカーナ］	牧歌風に、素朴に
scherzando ［スケルツァンド］	戯れるように、諧謔的に
semplice ［センプリーチェ］	単純に、素朴に
con sentimento ［コン・センティメント］	感情をこめて
serioso ［セリオーゾ］	厳粛に
sostenuto ［ソステヌート］	音を充分に保って
spirituoso（spiritoso）［スピリトゥオーゾ］ （con spirito［コン・スピリート］）	生気をもって、元気に
stretto ［ストレット］	切迫して
tranquillo ［トランクィーロ］	静かに、穏やかに
veloce ［ヴェローチェ］	すばやく
vigoroso ［ヴィゴローゾ］ （con vigore［コン・ヴィゴーレ］）	力強く
vivace ［ヴィヴァーチェ］ （vivo［ヴィーヴォ］）	活発に、生き生きと （速度標語でも使われる）
volante ［ヴォランテ］	急いで

5. 奏法についての用語（既出の語を含みます）

legato ［レガート］	なめらかに（通常は異なる２つ以上の音にスラー ⌒ をつけて示される）
marcato ［マルカート］	（一音一音を）はっきりと
tenuto ［テヌート］	その音の長さを充分に保って（－または *ten.* で示される）
sostenuto ［ソステヌート］	各音の長さを充分に保って
staccato ［スタッカート］	音の長さを短くして、２音以上であれば次の音との間をあけて分離する（音符の上または下に・を付けて示される）
con（senza）sordino［コン・（センツァ）ソルディーノ］	弱音器を使用して（しないで）
una corda ［ウナ・コルダ］	弱音ペダルを使用して
tre corde ［トレ・コルデ］	弱音ペダルを使用しないで
pizzicato ［ピツィカート］	【弦楽器】弦を指ではじいて
arco ［アルコ］	【弦楽器】弓を使用して
mezza voce ［メッツァ・ヴォーチェ］	半分の声で
sotto voce ［ソット・ヴォーチェ］	やわらげた声で
solo ［ソロ］	独奏
tutti ［トゥッティ］	全員で
attacca ［アタッカ］	次の楽章へ区切りを作らずに続ける
m.d. R.H.	右手
m.g. m.s. L.H.	左手
𝄐 ［フェルマータ］	適度に充分にのばす（停止や終止の意味も）
8va Alta - - ┐ 8va - - ┐ 8 - - ┐ ［オクターブ記号］	１オクターブ上を奏する
8va Bassa - - ┘ 8va - - ┘ 8 - - ┘ ［オクターブ記号］	１オクターブ下を奏する

6. 指示に付加する語（既出の語を含みます）

molto ［モルト］	きわめて
assai ［アッサイ］	充分に
più ［ピウ］	さらに（より多く）
meno ［メノ］	少し（より少なく）
poco ［ポコ］	少し
un poco ［ウン・ポコ］	少し
poco a poco ［ポコ・ア・ポコ］	少しずつ
subito ［スビト］	急に
non troppo ［ノン・トロッポ］	はなはだしくなく
non tanto ［ノン・タント］	
sempre ［センプレ］	常に
ma ［マ］	しかし
e ［エ］	そして
quasi ［クァージ］	～のように
con ［コン］	～をもって
senza ［センツァ］	～なしで
alla ［アラ］	～のように、～ふうに
simile ［シーミレ］	同様に

ドリル編

Exercises

1. 次の部分の名称を書きなさい。

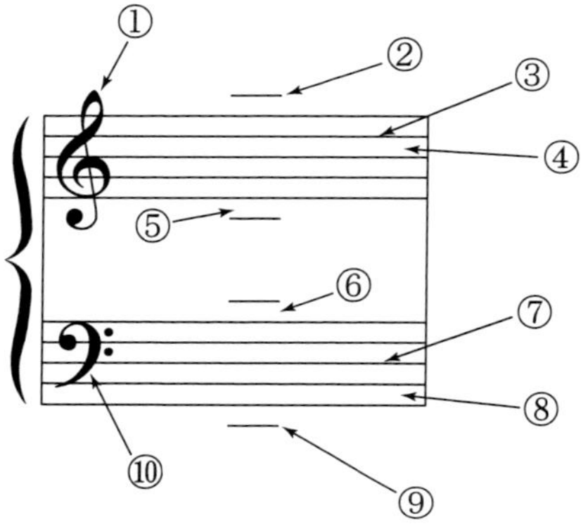

① (　　　　　　　　　　)

② (　　　　　　　　　　)

③ (　　　　　　　　　　)

④ (　　　　　　　　　　)

⑤ (　　　　　　　　　　)

⑥ (　　　　　　　　　　)

⑦ (　　　　　　　　　　)

⑧ (　　　　　　　　　　)

⑨ (　　　　　　　　　　)

⑩ (　　　　　　　　　　)

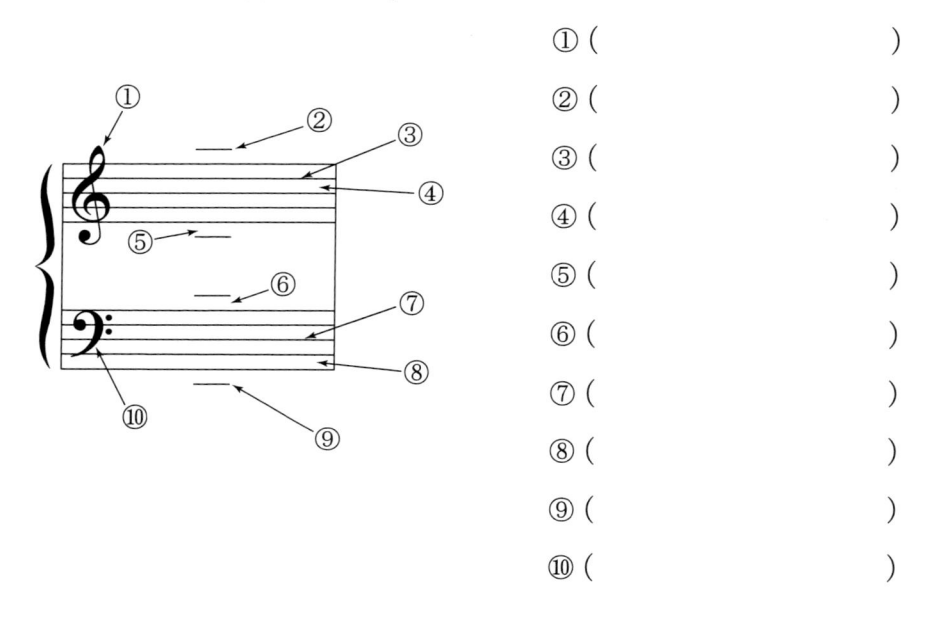

2. 次の音を全音符で書きなさい。

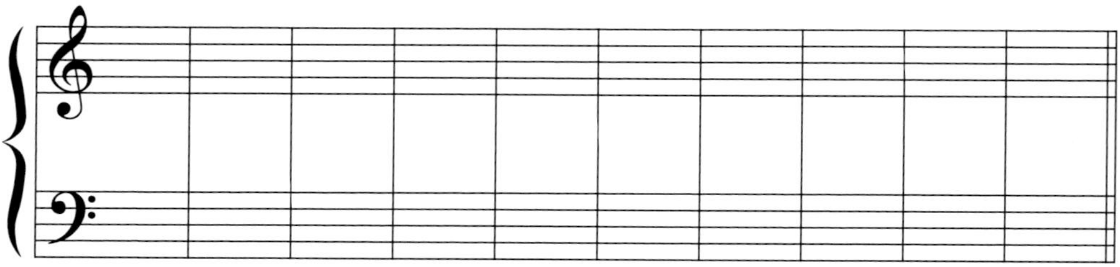

ニ　ロ　と　ホ　イ　E3　F5　B2　C6　G4

3. 次の音の階名と音名を書きなさい。（音名については、高さの区別はしなくてよい。）

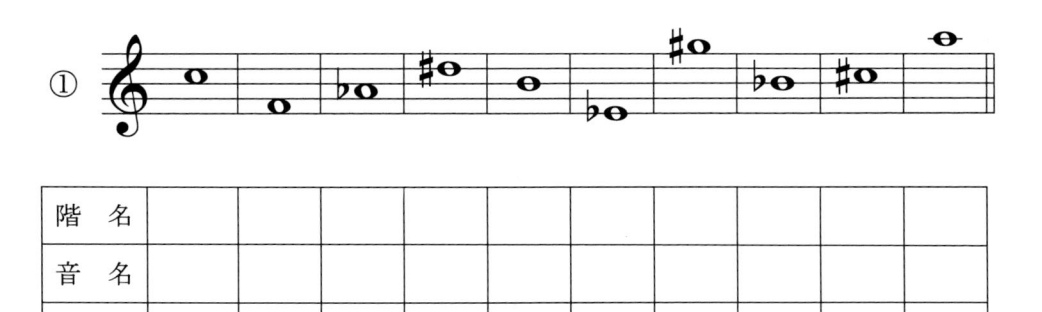

①

階　名										
音　名										
英音名										
独音名										

②

階　名										
音　名										
英音名										
独音名										

4. 演奏順序をA、B、C・・・・を用いて書きなさい。

①
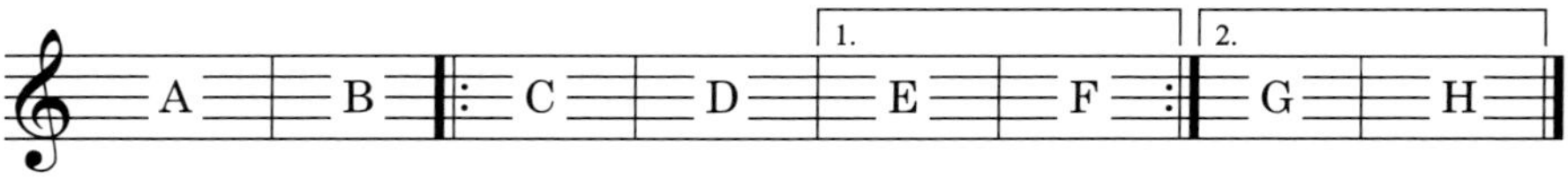

演奏順序 ⇒

②
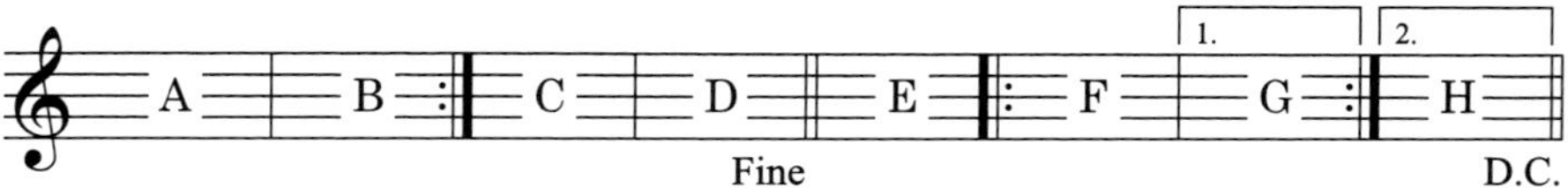

演奏順序 ⇒

③
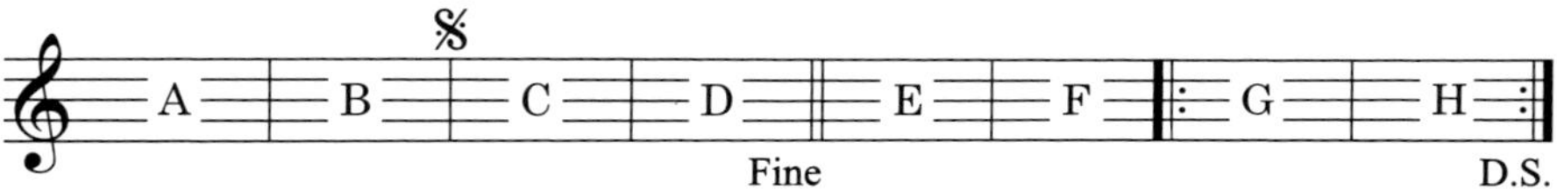

演奏順序 ⇒

④
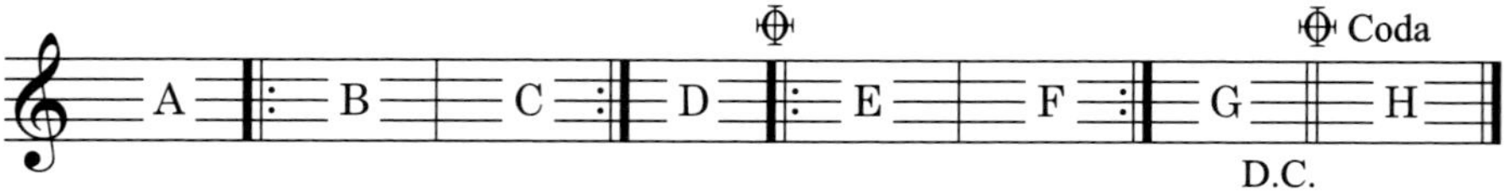

演奏順序 ⇒

⑤
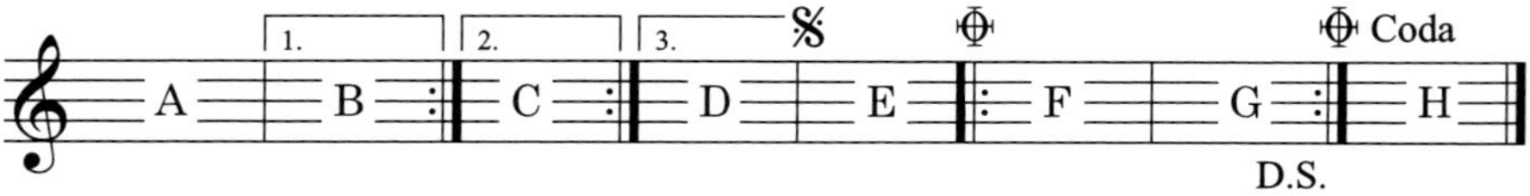

演奏順序 ⇒

⑥
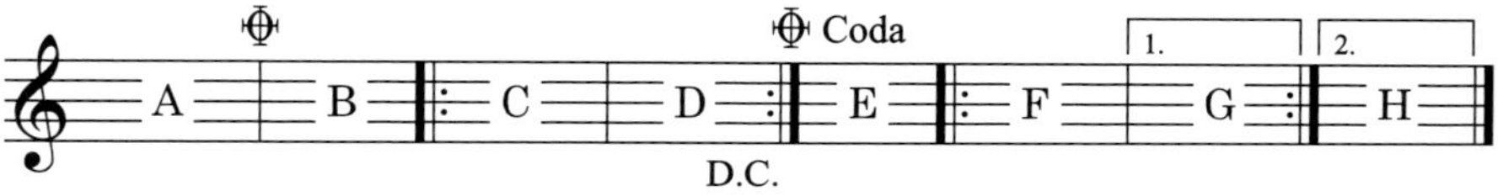

演奏順序 ⇒

5. 上の段と下の段で同じ高さの音を線で結びなさい。

①
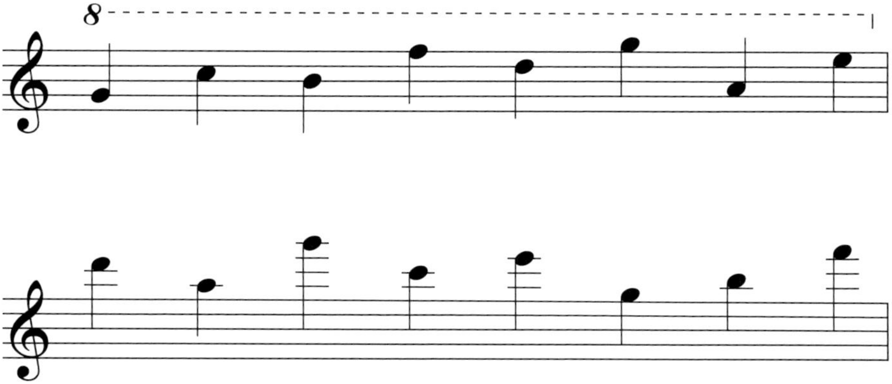

②
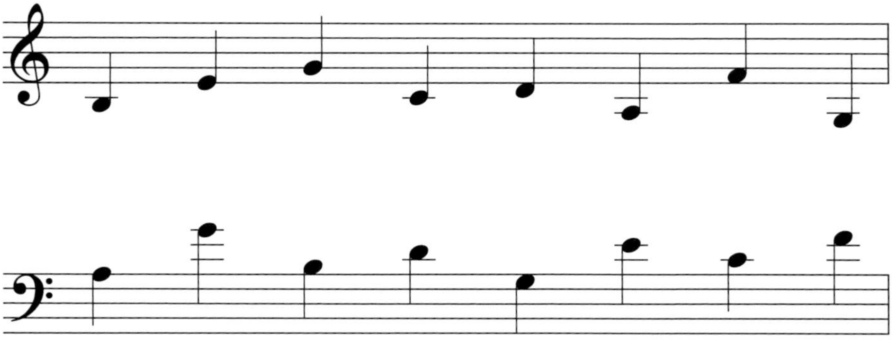

③
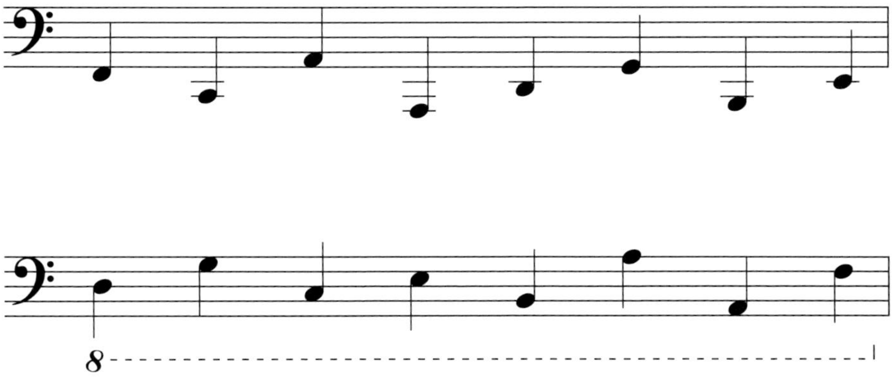

6. 次の音の階名と音名を書きなさい。（音名については、高さの区別はしなくてよい。）

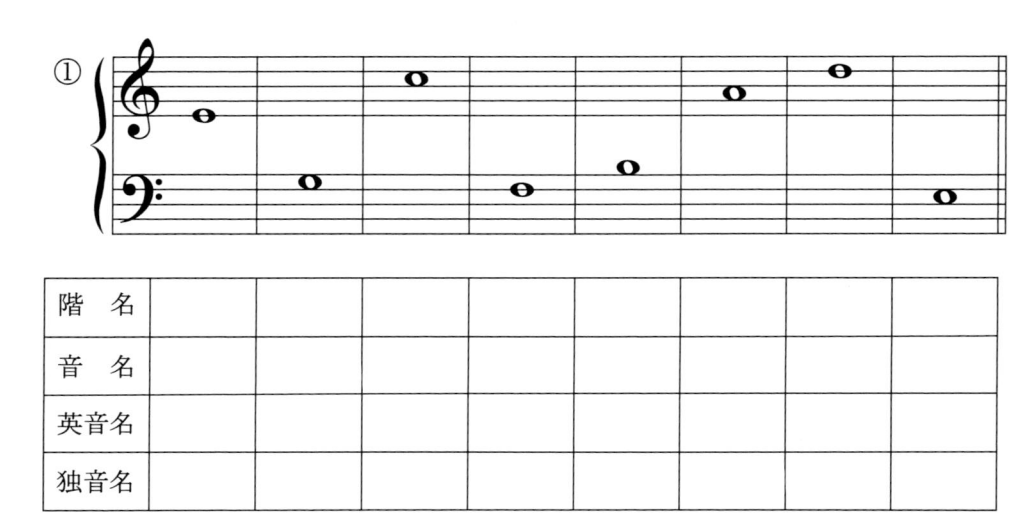

①

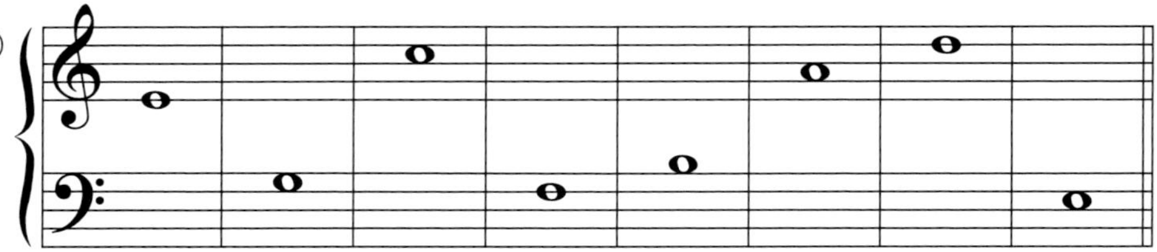

階　名								
音　名								
英音名								
独音名								

②

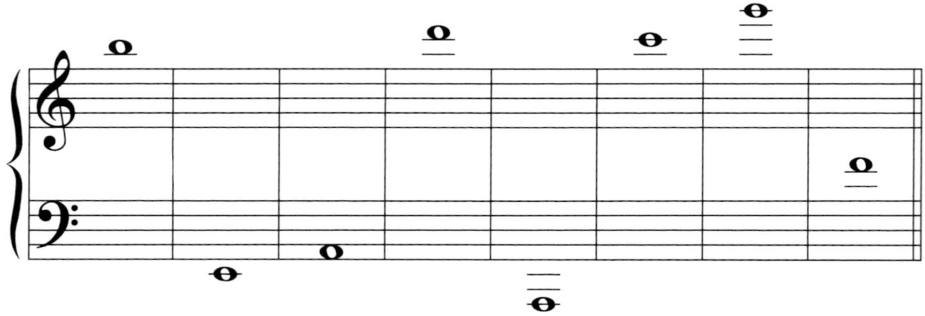

階　名								
音　名								
英音名								
独音名								

③
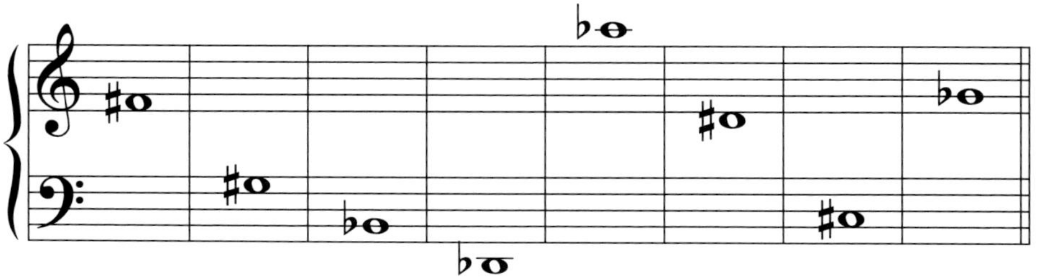

階　名								
音　名								
英音名								
独音名								

④
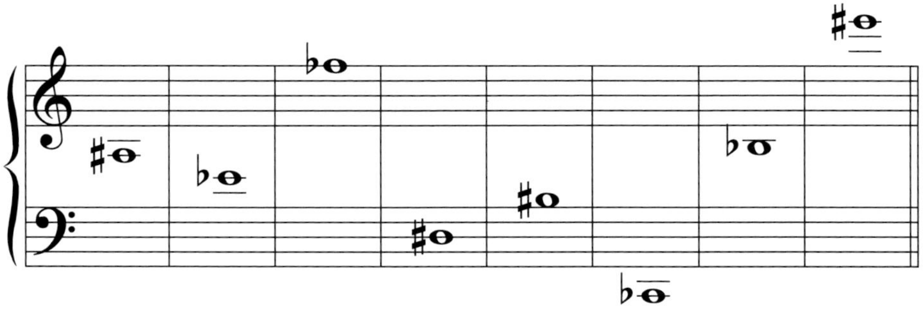

階　名								
音　名								
英音名								
独音名								

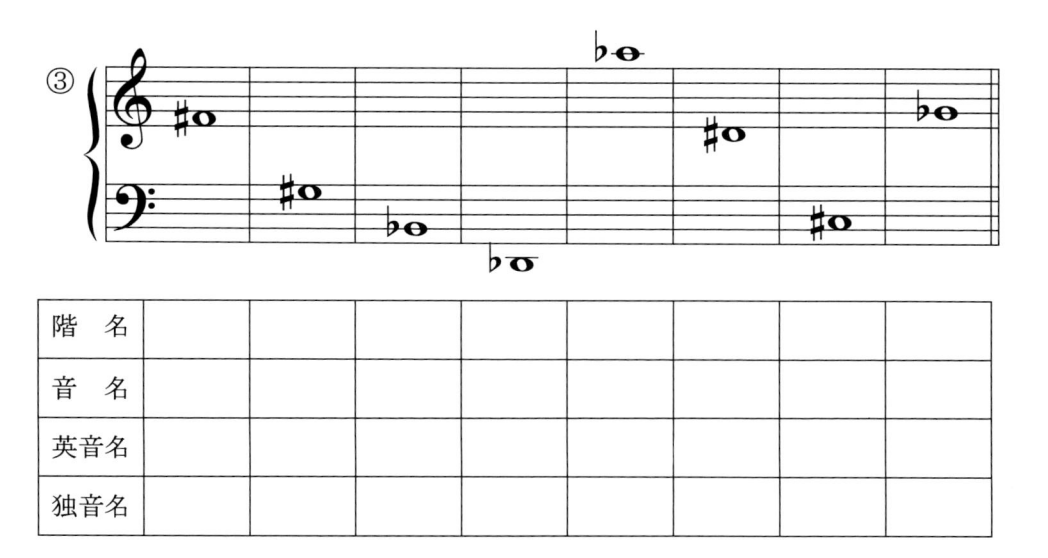

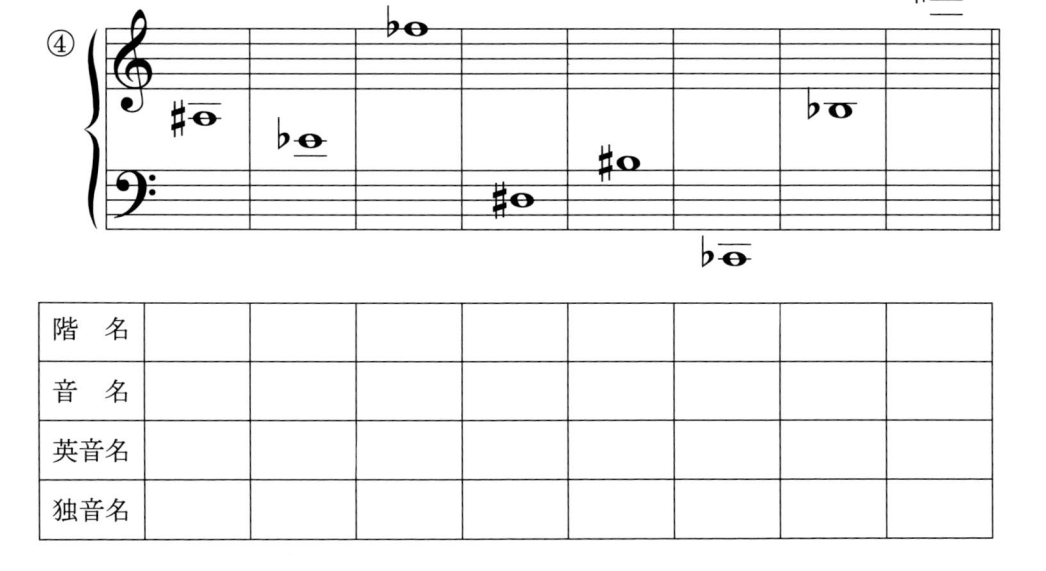

7. □にドレミ‥‥（固定ド）を書きなさい。

①

チャイコフスキー「ピアノ協奏曲第１番」

②

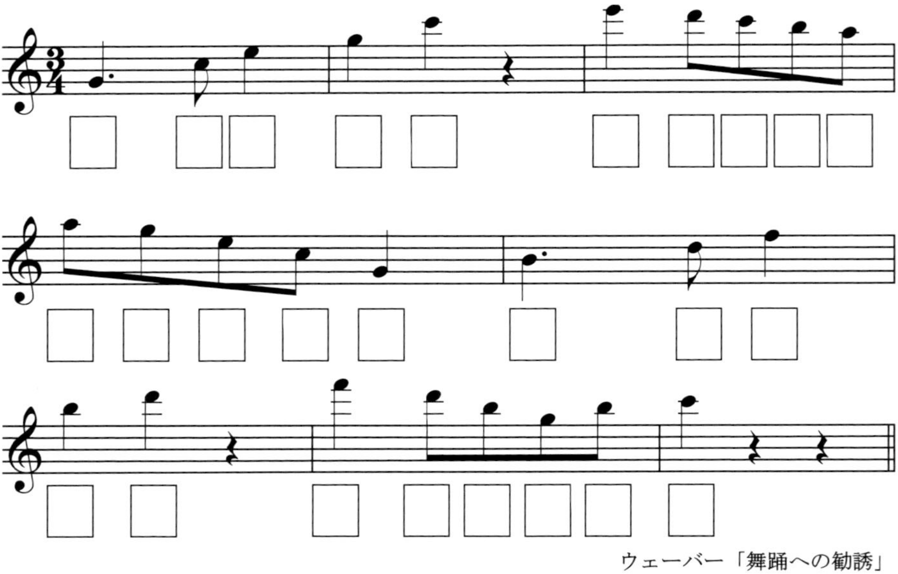

ウェーバー「舞踊への勧誘」

③

バッハ「ガボット」

④
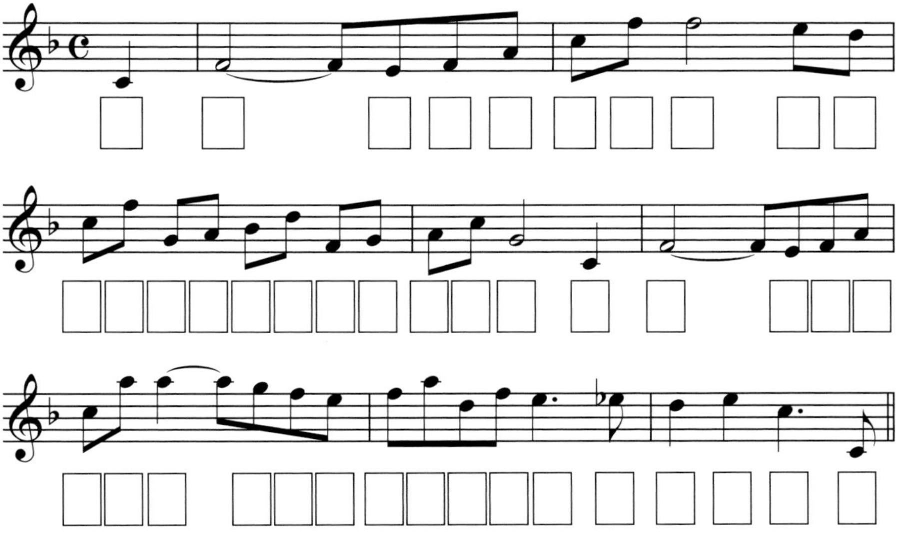

シューマン「トロイメライ」

8. □にドレミ‥‥（固定ド）を書きなさい。

①

ベートーヴェン「悲愴」

②

ワーグナー「ニュルンベルクのマイスタージンガー」

③

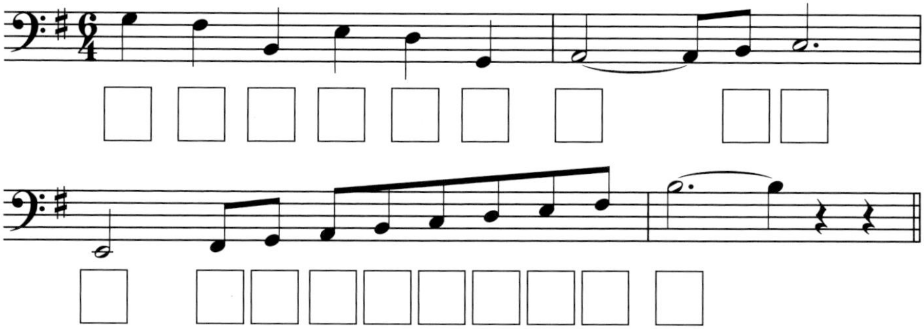

サン＝サーンス「白鳥」

④

アイルランド民謡「ロンドンデリーの歌」

⑤

ドヴォルザーク「ユモレスク」

9. 次の旋律を１オクターブ低くして書きなさい。

ベートーヴェン「よろこびの歌」

①

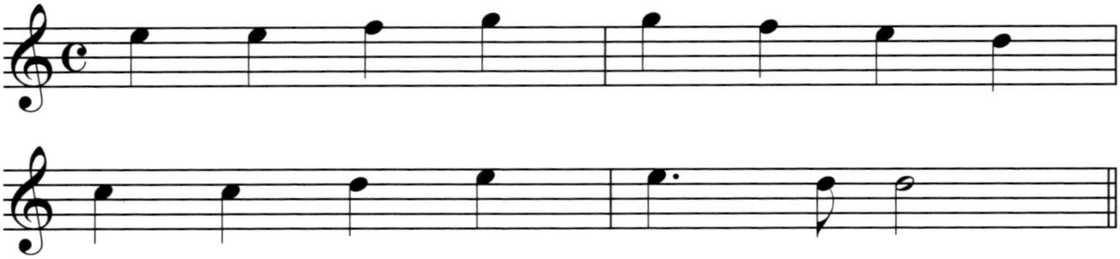

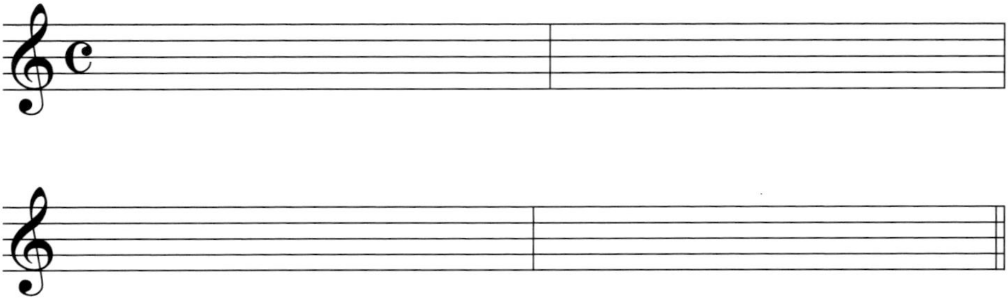

スメタナ「モルダウ」

②

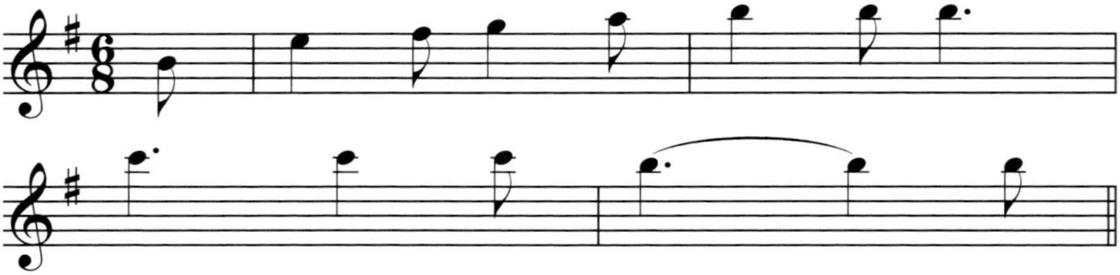

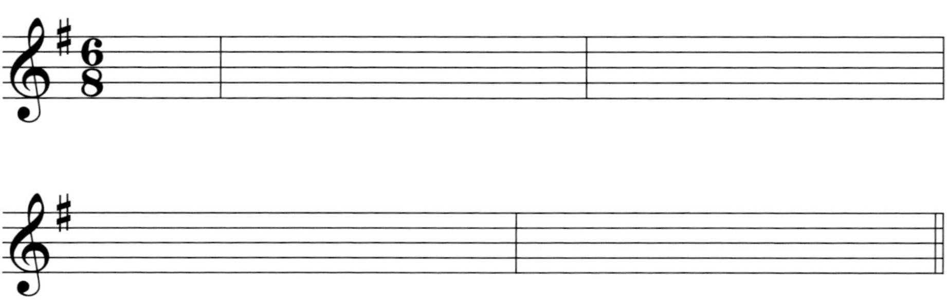

ブラームス「交響曲 第１番」

③

フランク「ヴァイオリン・ソナタ」

④

10. 次の旋律を１オクターブ高くして書きなさい。

モーツァルト「フィガロの結婚」

①

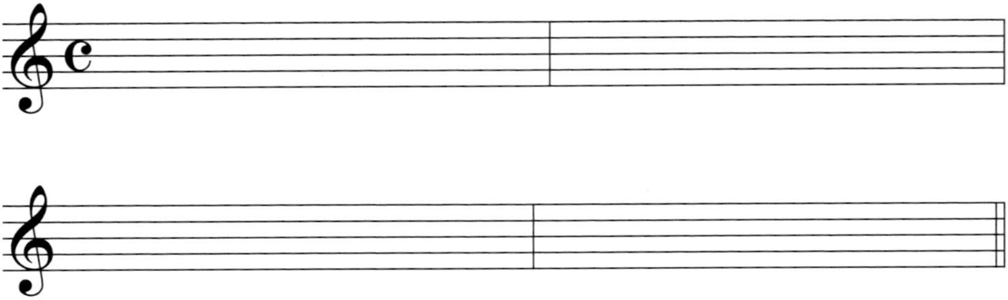

ホルスト「木星」

②

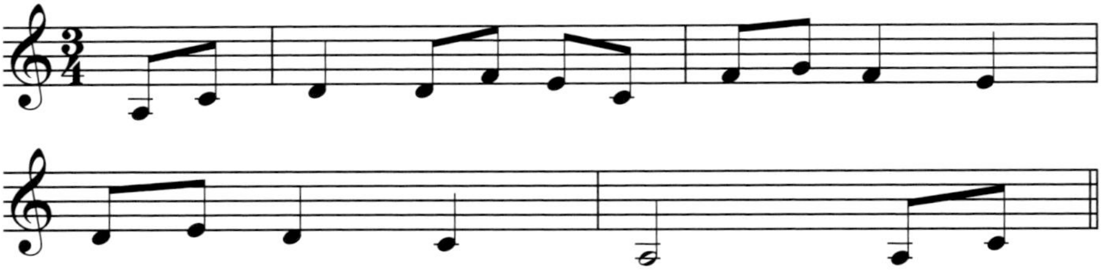

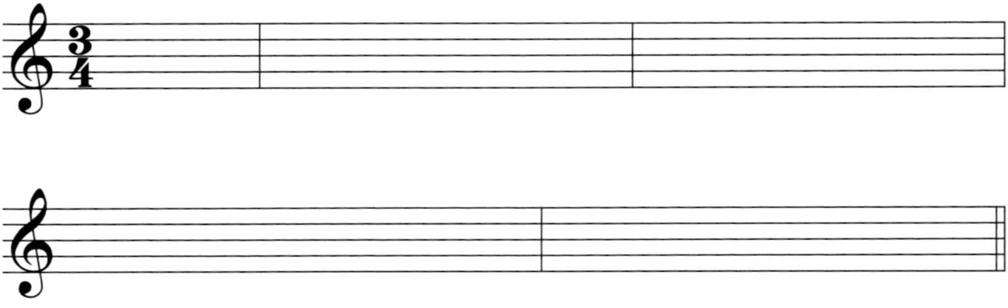

モーツァルト「アイネ・クライネ・ナハト・ムジーク」

③

ドヴォルザーク「新世界より」

④

11. 音符と休符の名前を書き、♩または𝄽を1拍（○1つ分）としたときの長さを表す分だけ○をぬりなさい。

音符			休符		
𝅗𝅥	名前		𝄿	名前	
	長さ	○ ○ ○ ○		長さ	○ ○ ○ ○
♪	名前		𝄼.	名前	
	長さ	○ ○ ○ ○		長さ	○ ○ ○ ○
♩	名前		𝄾.	名前	
	長さ	○ ○ ○ ○		長さ	○ ○ ○ ○
𝅝	名前		𝄽	名前	
	長さ	○ ○ ○ ○		長さ	○ ○ ○ ○
𝅘𝅥𝅰	名前		𝄾	名前	
	長さ	○ ○ ○ ○		長さ	○ ○ ○ ○
♩.	名前		𝄻	名前	
	長さ	○ ○ ○ ○		長さ	○ ○ ○ ○
𝅘𝅥𝅯	名前		𝅀	名前	
	長さ	○ ○ ○ ○		長さ	○ ○ ○ ○
♪.	名前		𝄼	名前	
	長さ	○ ○ ○ ○		長さ	○ ○ ○ ○
𝅗𝅥.	名前		𝄽.	名前	
	長さ	○ ○ ○ ○		長さ	○ ○ ○ ○

12. □の中にふさわしい長さの休符を書きなさい。

①

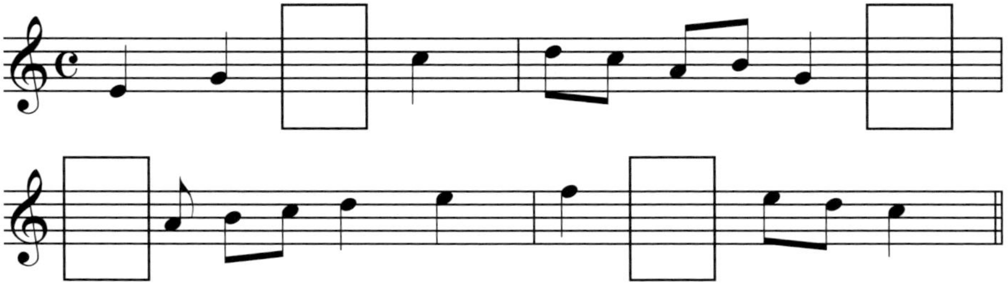

②

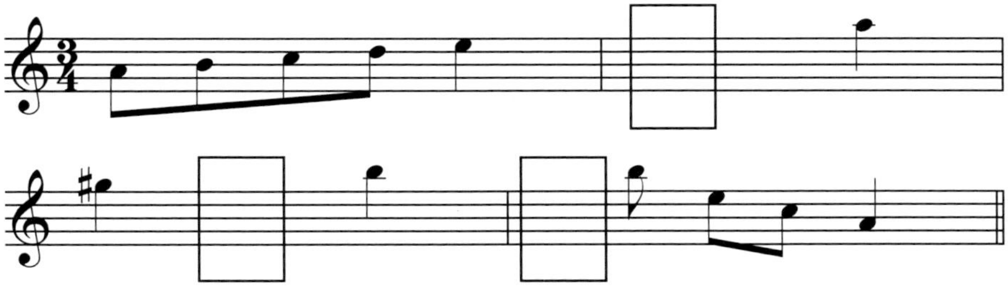

③

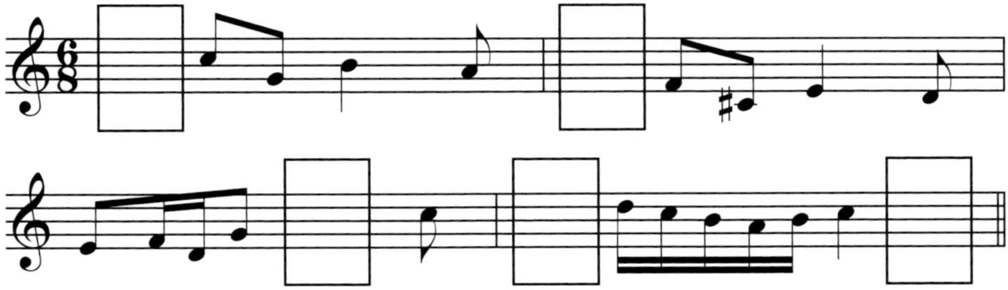

④

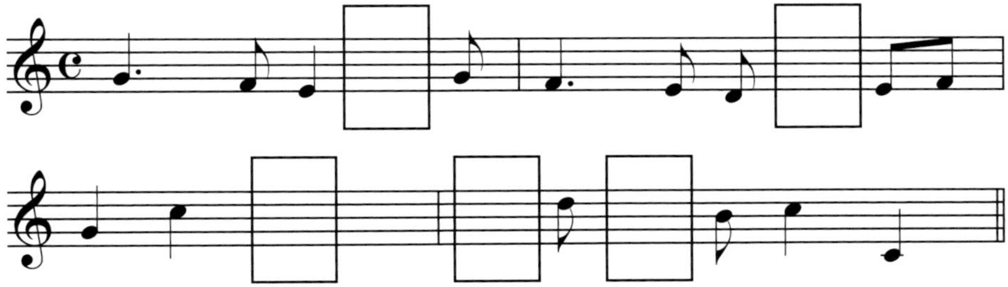

13. 音符の計算をして、答えも音符で書きなさい。

① ♩ ＋ ♩ ＝

② 𝅗𝅥 ＋ ♩ ＝

③ 𝅗𝅥 ＋ 𝅗𝅥 ＝

④ ♩ ＋ 𝅗𝅥. ＝

⑤ 𝅗𝅥 − ♩ ＝

⑥ 𝅝 − 𝅗𝅥. ＝

⑦ 𝅗𝅥. − 𝅗𝅥 ＝

⑧ 𝅗𝅥. − ♩ ＝

⑨ ♪ ＋ ♪ ＝

⑩ 𝅘𝅥𝅯 ＋ 𝅘𝅥𝅯 ＝

⑪ ♪ ＋ 𝅘𝅥𝅯 ＝

⑫ ♪. ＋ 𝅘𝅥𝅯 ＝

⑬ ♩ − ♪. ＝

⑭ ♪ − 𝅘𝅥𝅯 ＝

⑮ 𝅗𝅥 ＋ ♪ ＋ ♪ ＝

⑯ ♪ ＋ 𝅗𝅥. ＋ ♪ ＝

⑰ 𝅘𝅥𝅯 ＋ 𝅘𝅥𝅯 ＋ 𝅘𝅥𝅯 ＝

⑱ ♩ ＋ 𝅗𝅥 ＋ ♩ ＝

⑲ ♩. ＋ 𝅘𝅥𝅯 ＋ 𝅘𝅥𝅯 ＝

⑳ ♪ ＋ ♪ ＋ ♪ ＝

㉑ 𝅗𝅥 ＋ 𝅘𝅥𝅮. ＋ 𝅘𝅥𝅯 ＝

㉒ 𝅘𝅥𝅯 ＋ 𝅘𝅥𝅮 ＋ 𝅘𝅥𝅯 ＝

㉓ 𝅘𝅥𝅮 ＋ 𝅘𝅥 ＋ 𝅘𝅥𝅮 ＝

㉔ 𝅘𝅥 ＋ 𝅘𝅥. ＋ 𝅘𝅥𝅮 ＝

㉕ 𝅝 − 𝅗𝅥 − 𝅘𝅥 ＝

㉖ 𝅝 − 𝅘𝅥 − 𝅘𝅥 ＝

㉗ 𝅗𝅥. − 𝅘𝅥𝅮 − 𝅘𝅥𝅮 ＝

㉘ 𝅘𝅥 − 𝅘𝅥𝅮 − 𝅘𝅥𝅯 ＝

㉙ 𝅗𝅥 − 𝅘𝅥 − 𝅘𝅥𝅮 ＝

㉚ 𝅘𝅥. − 𝅘𝅥𝅮 − 𝅘𝅥𝅮 ＝

㉛ 𝅗𝅥. − 𝅗𝅥 − 𝅘𝅥𝅮 ＝

㉜ 𝅗𝅥 − 𝅘𝅥𝅮. − 𝅘𝅥𝅯 ＝

㉝ 𝅘𝅥𝅮. − 𝅘𝅥𝅯 − 𝅘𝅥𝅯 ＝

㉞ 𝅘𝅥. − 𝅘𝅥 − 𝅘𝅥𝅯 ＝

14. 休符の計算をして、答えも休符で書きなさい。

① 𝄽 ＋ 𝄽 ＝

② 𝄼. ＋ 𝄽 ＝

③ 𝄽 ＋ 𝄼 ＝

④ 𝄼 ＋ 𝄼 ＝

⑤ 𝄻 − 𝄼 ＝

⑥ 𝄼 − 𝄽 ＝

⑦ 𝄼. − 𝄽 ＝

⑧ 𝄻 − 𝄽 ＝

⑨ 𝄾 ＋ 𝄾 ＝

⑩ 𝄿 ＋ 𝄾 ＝

⑪ 𝄿 ＋ 𝄿 ＝

⑫ 𝄿 ＋ 𝄾. ＝

⑬ 𝄽 − 𝄾 ＝

⑭ 𝄾 − 𝄿 ＝

⑮ 𝄽 ＋ 𝄽 ＋ 𝄽 ＝

⑯ 𝄽 ＋ 𝄾 ＋ 𝄾 ＝

⑰ 𝄾 ＋ 𝄼 ＋ 𝄾 ＝

⑱ 𝄾 ＋ 𝄿 ＋ 𝄿 ＝

⑲ 𝄾. ＋ 𝄿 ＋ 𝄽 ＝

⑳ 𝄿 ＋ 𝄿 ＋ 𝄿 ＝

㉑ 𝄽. ＋ 𝄿 ＋ 𝄿 ＝

㉒ 𝄼 ＋ 𝄽 ＋ 𝄽 ＝

㉓ 𝄽 ＋ 𝄽. ＋ 𝄾 ＝

㉔ 𝄾. ＋ 𝄿 ＋ 𝄼. ＝

㉕ 𝄻 − 𝄽 − 𝄽 ＝

㉖ 𝄻 − 𝄾 − 𝄾 ＝

㉗ 𝄼. − 𝄽 − 𝄽. ＝

㉘ 𝄼 − 𝄾 − 𝄽 ＝

㉙ 𝄽 − 𝄿 − 𝄿 ＝

㉚ 𝄼. − 𝄾 − 𝄾 ＝

㉛ 𝄾. − 𝄿 − 𝄿 ＝

㉜ 𝄽. − 𝄾 − 𝄾. ＝

㉝ 𝄼 − 𝄾. − 𝄿 ＝

㉞ 𝄻 − 𝄼 − 𝄾 ＝

15. 次の音と合う鍵盤を線で結びなさい。

①
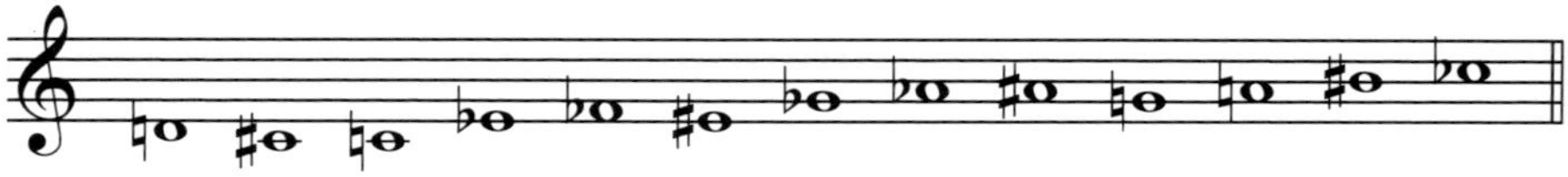

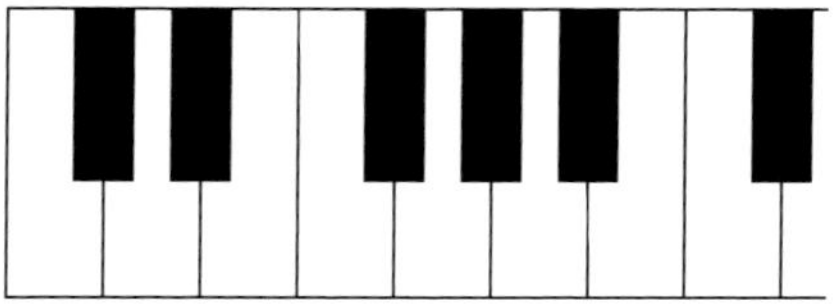

ハ

②
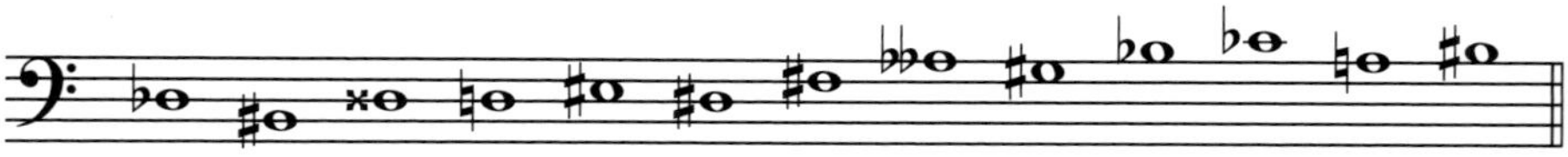

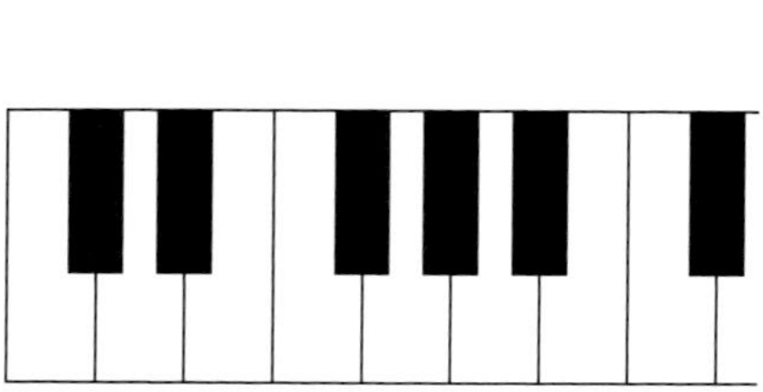

ハ

③ 嬰ハ　変ホ　変ニ　嬰ホ　変ヘ　変ト　嬰ヘ　変ロ　嬰イ　嬰ロ

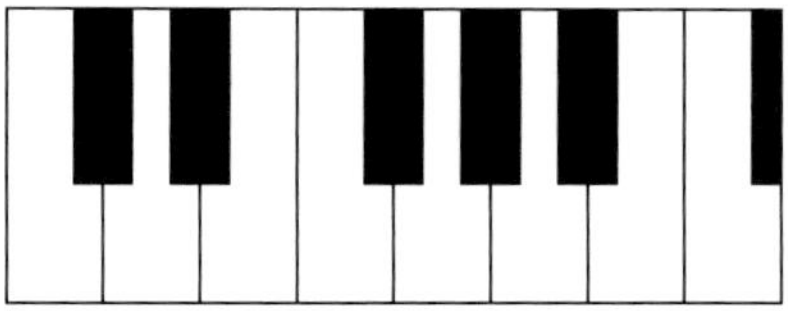

④ F♯　E♯　D♭　B♭　G♯　Cis　As　Fis　Fes　H

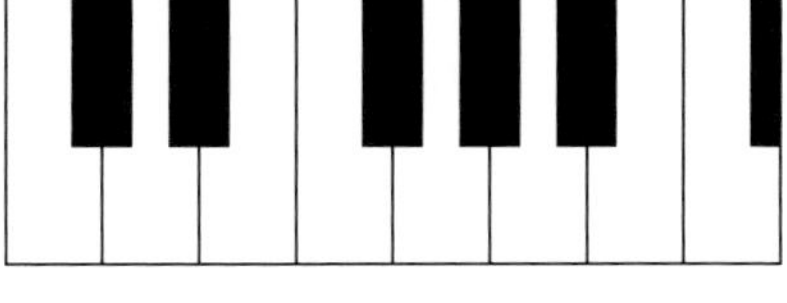

16. 次の曲の拍子記号を書き入れなさい。

①

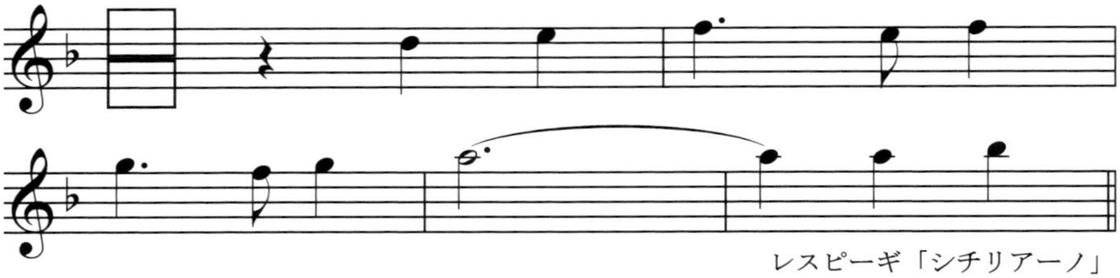

レスピーギ「シチリアーノ」

②

グノー「トロイの娘たちの踊り」

③

ビゼー「アルルの女」

④

ボロディン「ダッタン人の踊り」

⑤

リムスキー＝コルサコフ「シェエラザード」

⑥

メンデルスゾーン「春の歌」

⑦

ランゲ「のばら」

⑧
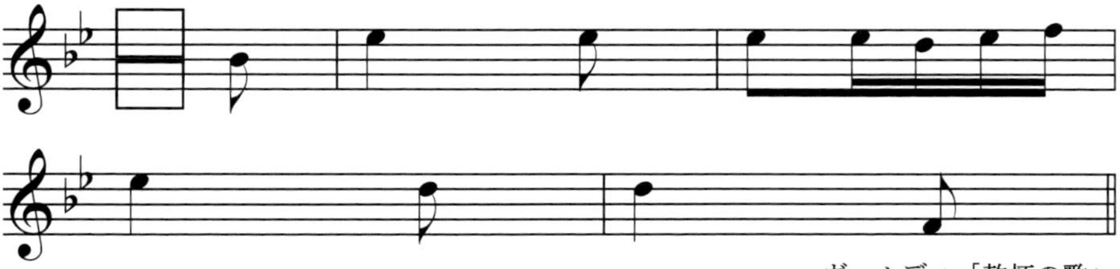

ヴェルディ「乾杯の歌」

⑨

ベートーヴェン「田園」

⑩

ボッケリーニ「メヌエット」

17. 次の音程を書きなさい。(長・短・完全・増・減も付けて書くこと。)

①

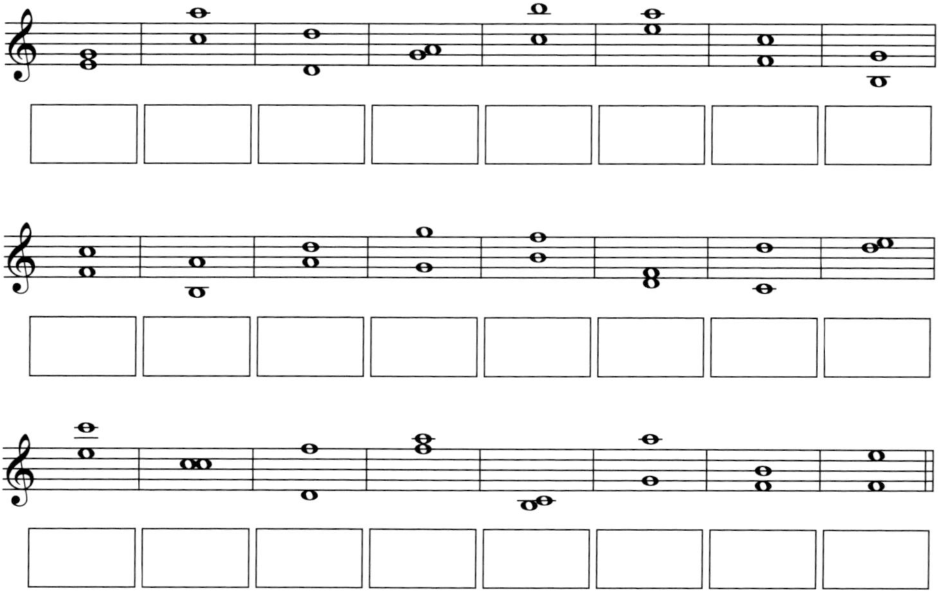

②

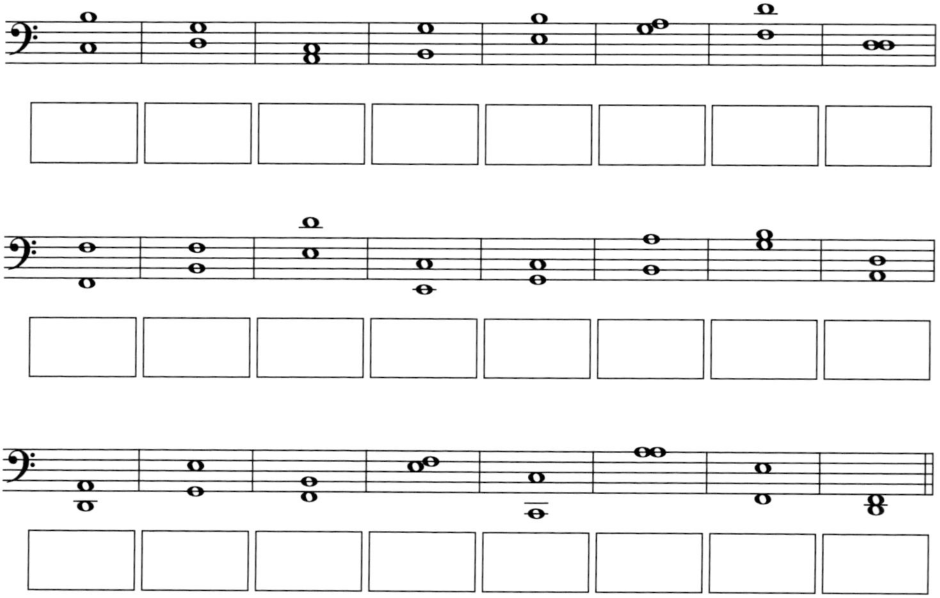

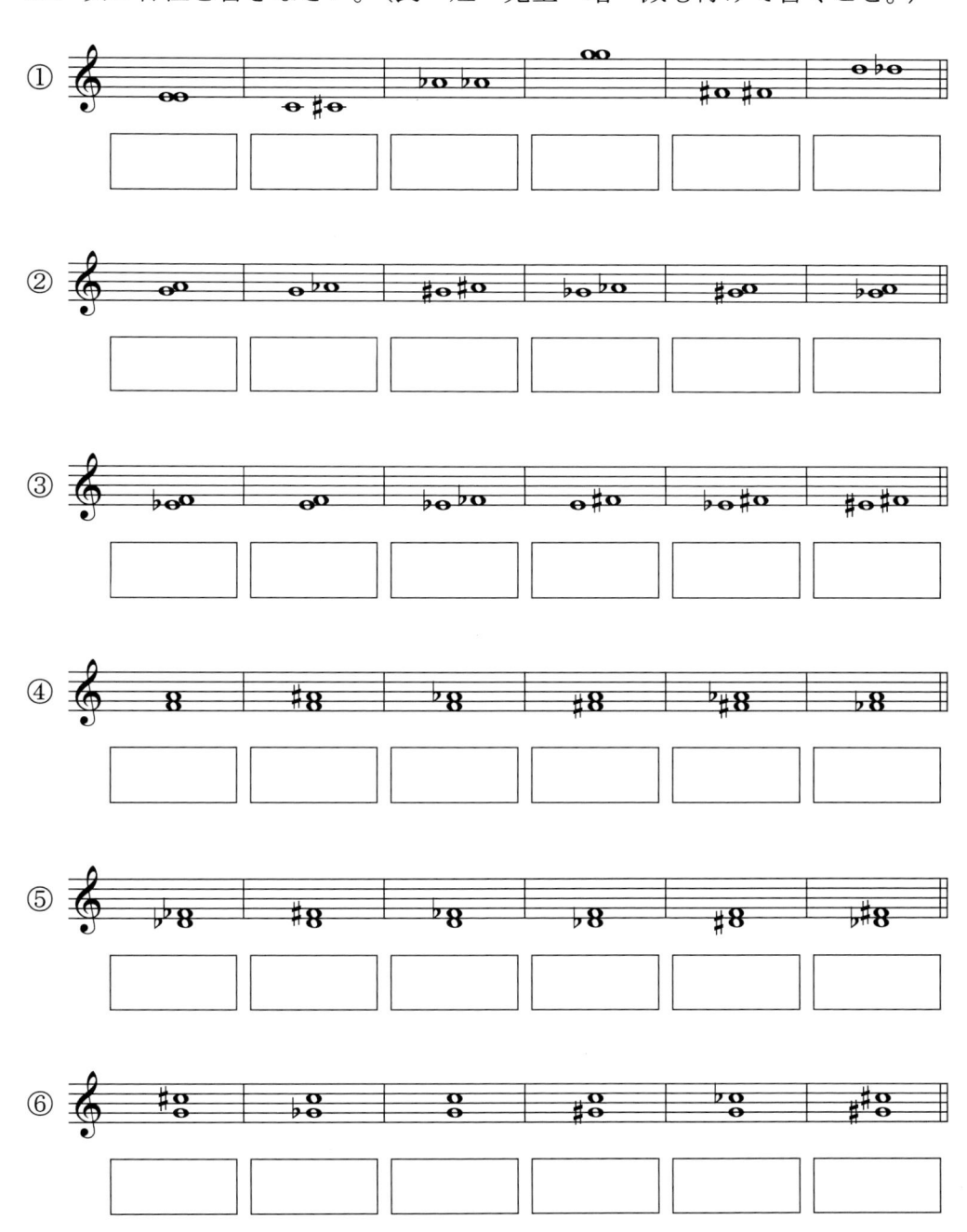

18. 次の音程を書きなさい。(長・短・完全・増・減も付けて書くこと。)

①

②

③

④
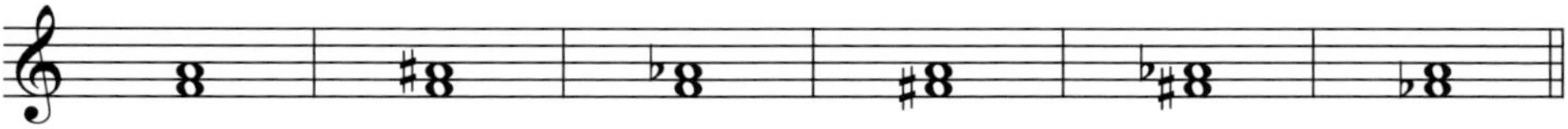

⑤

⑥
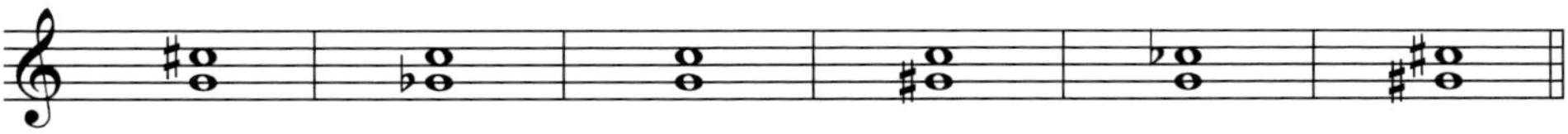

⑦
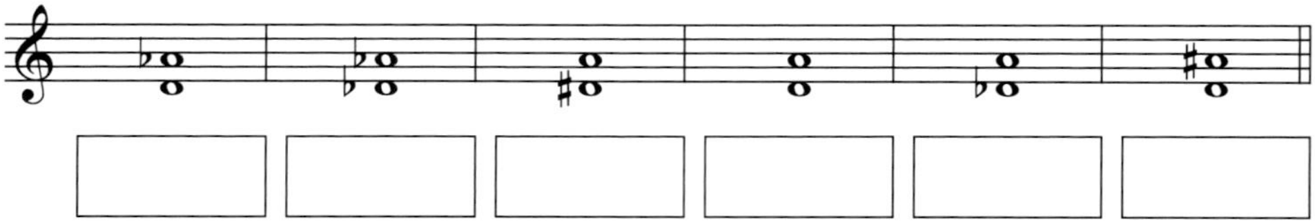

⑧
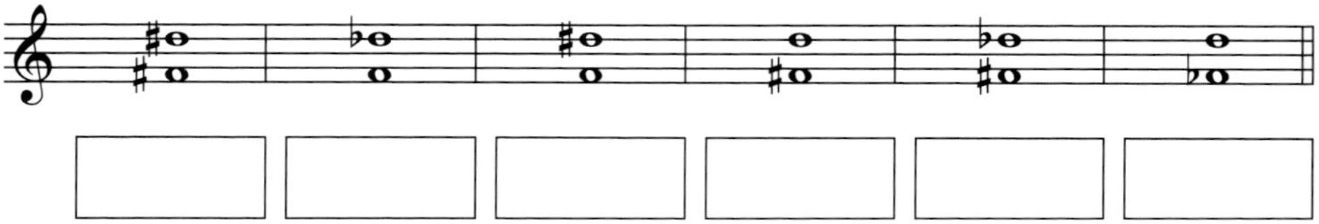

⑨
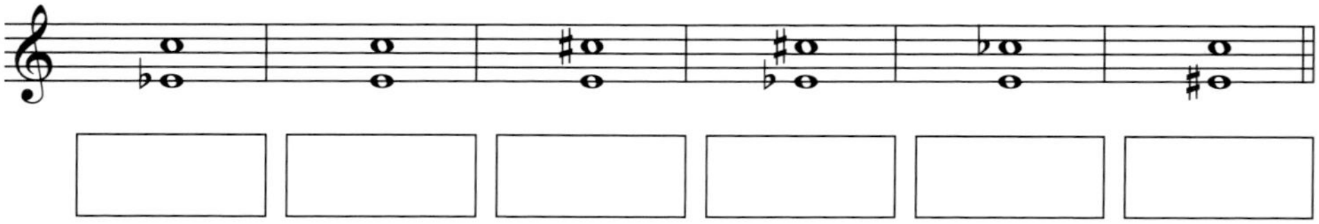

⑩
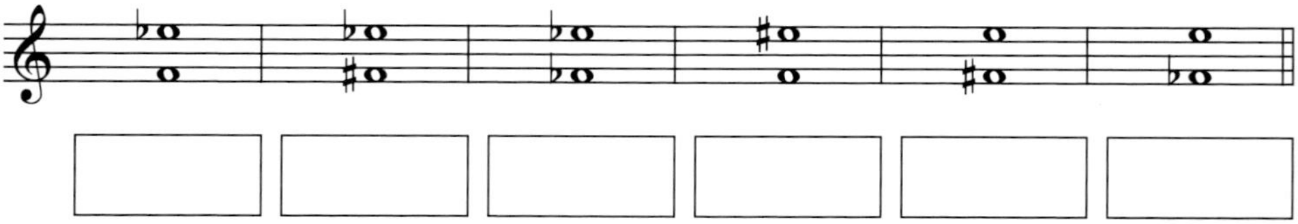

⑪
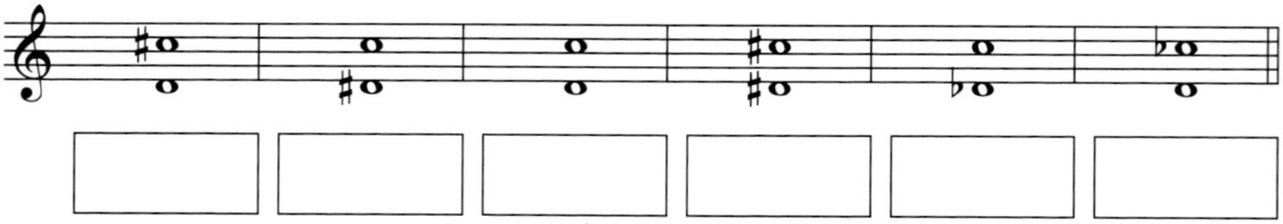

⑫
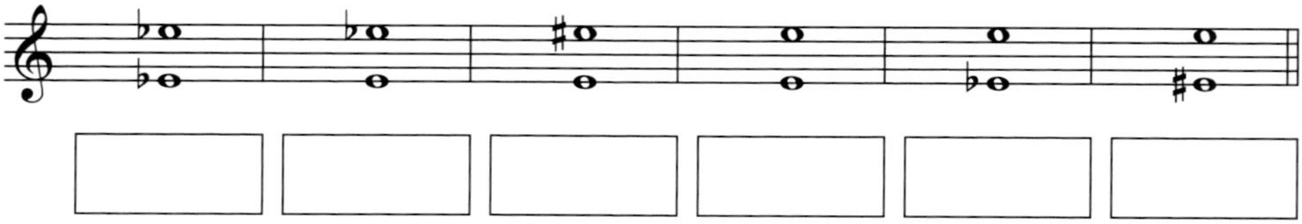

19. 次の音程を書きなさい。(長・短・完全・増・減も付けて書くこと。)

①

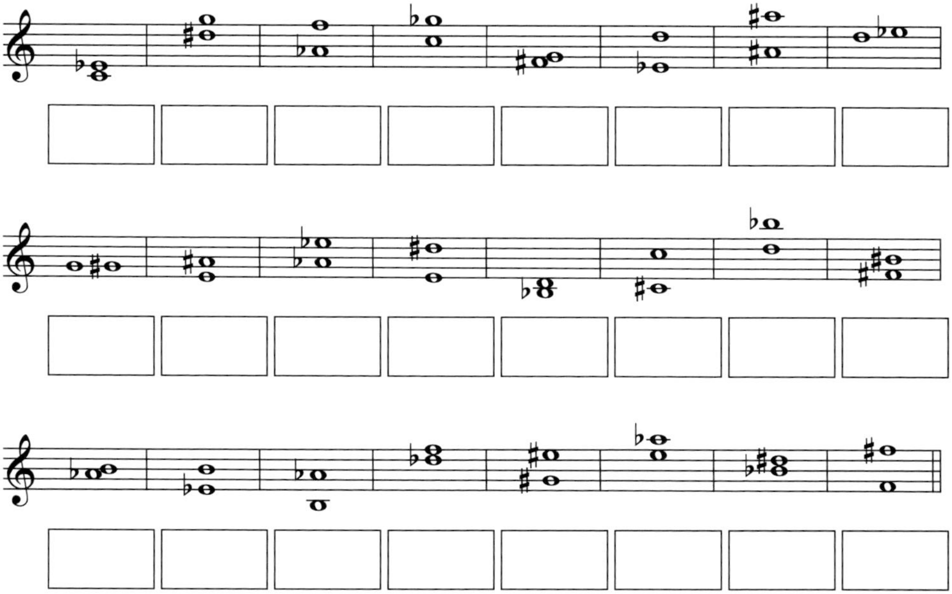

②

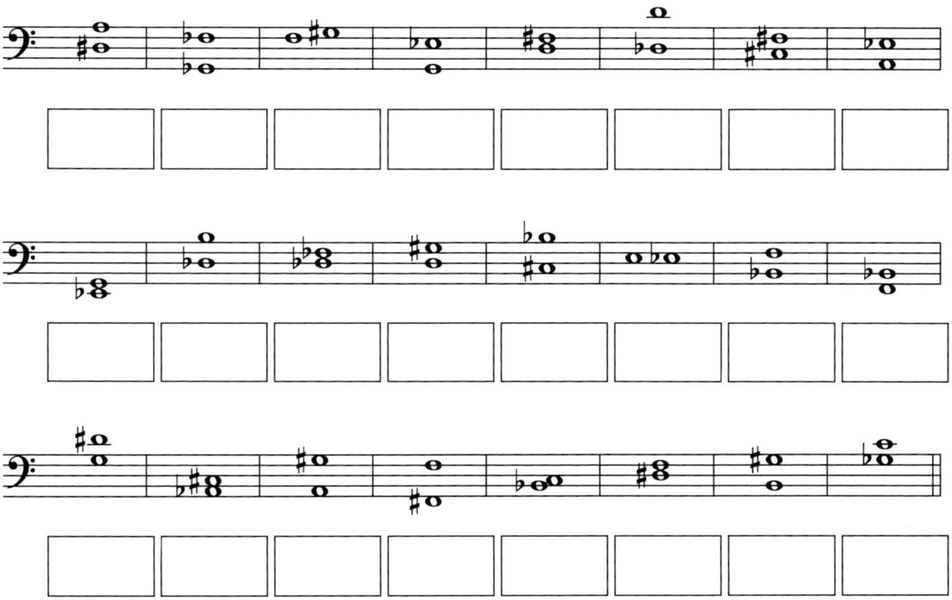

20. 次の音程を書きなさい。（長・短・完全・増・減も付けて書くこと。）

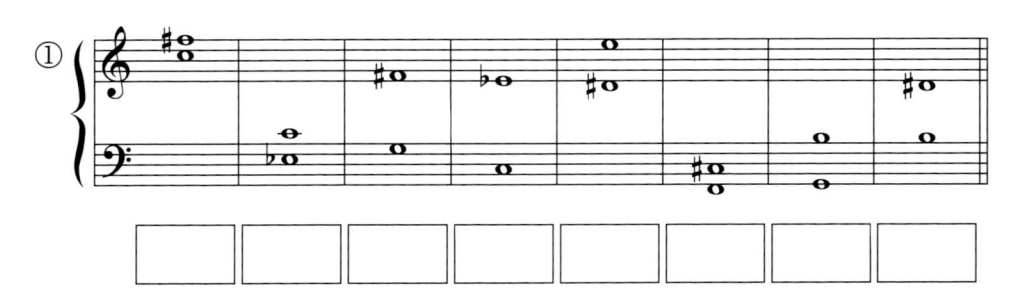

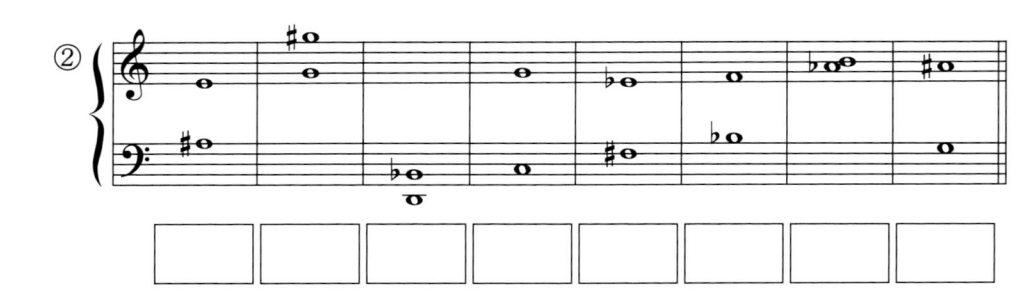

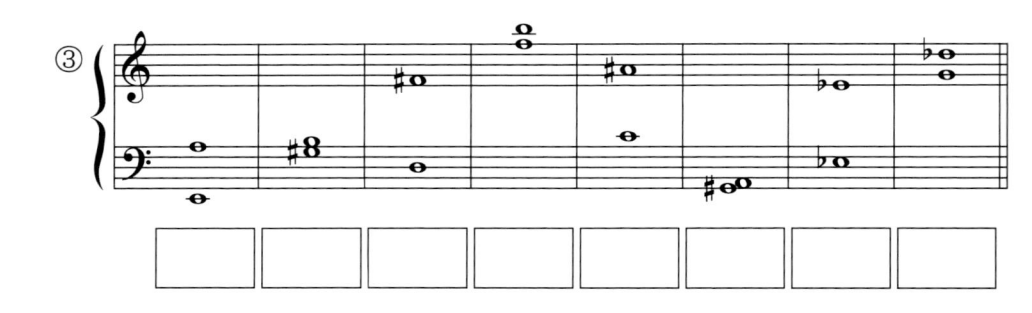

①
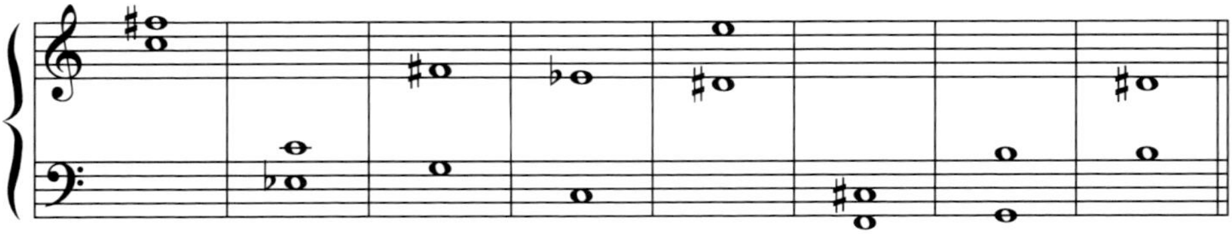

②
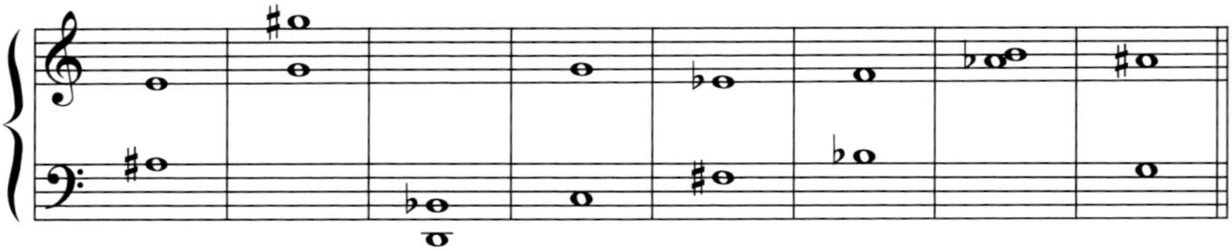

③
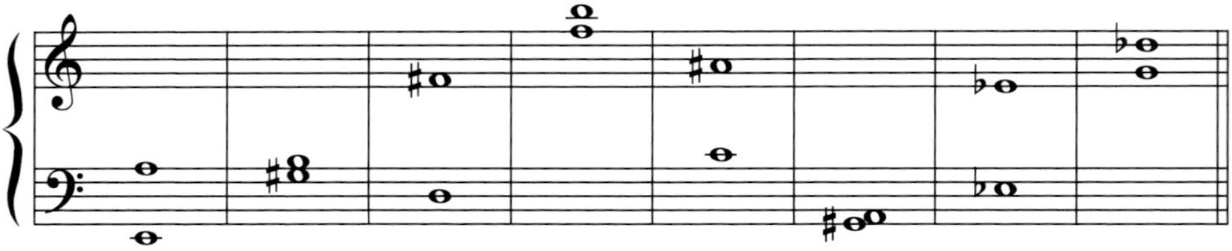

④
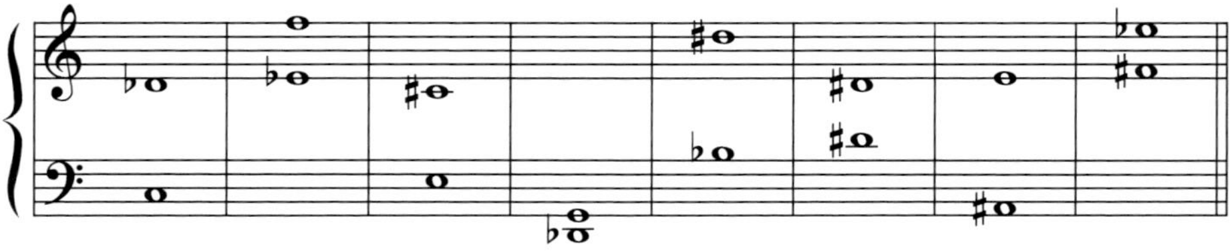

21. 次の調は何調ですか。（短調の場合は和声短音階とすること。）

① 嬰ヘ音を導音とする長調

② 変ロ音を下属音とする長調

③ 嬰ト音を導音とする短調

④ ト長調の下属調

⑤ ニ長調の平行調

⑥ 変ホ短調の同主調

⑦ ヘ音を属音とする長調

⑧ ロ音を導音とする短調

⑨ ホ長調の下属調

⑩ イ音を属音とする長調

⑪ 変イ長調の平行調

⑫ ハ短調の同主調

⑬ 嬰ハ音を導音とする短調

⑭ イ短調の属調

⑮ 変ニ音を下属音とする長調

⑯ 変ロ長調の平行調

22. 次の調を全音符で１オクターブ書きなさい。調号と、必要な箇所には臨時記号を書き、短調は和声短音階を書くこと。

① ニ長調

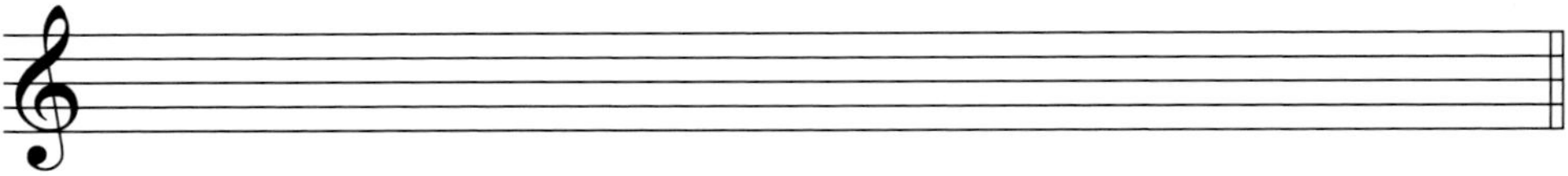

② ハ短調

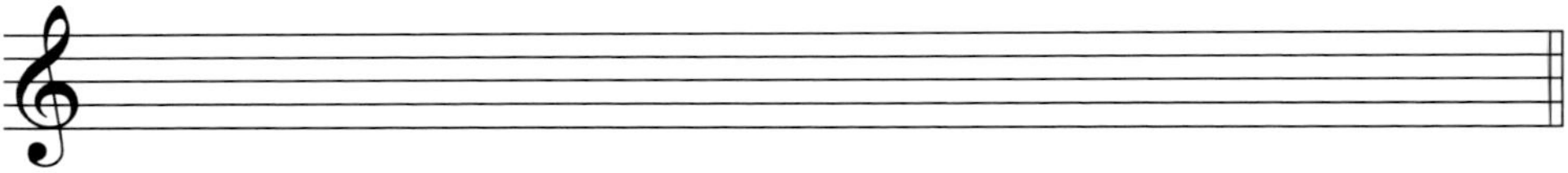

③ ヘ長調

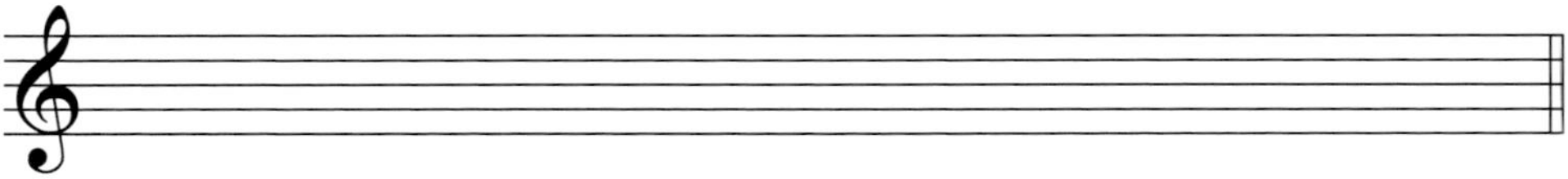

④ ホ短調

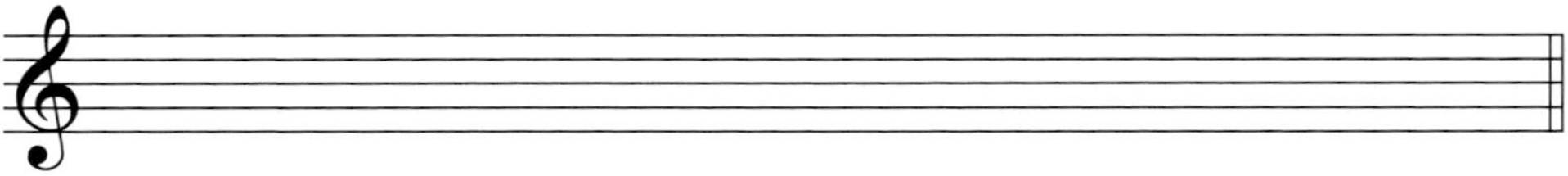

⑤ イ長調

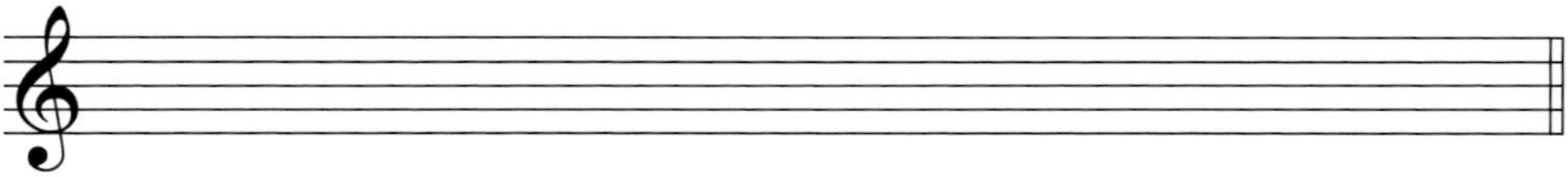

⑥　ハ長調

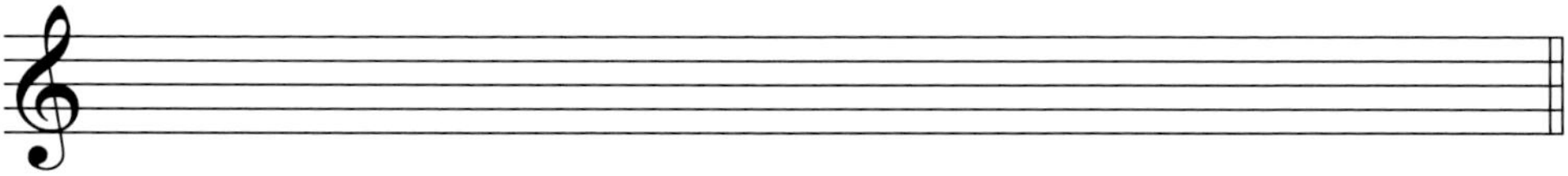

⑦　変ロ長調

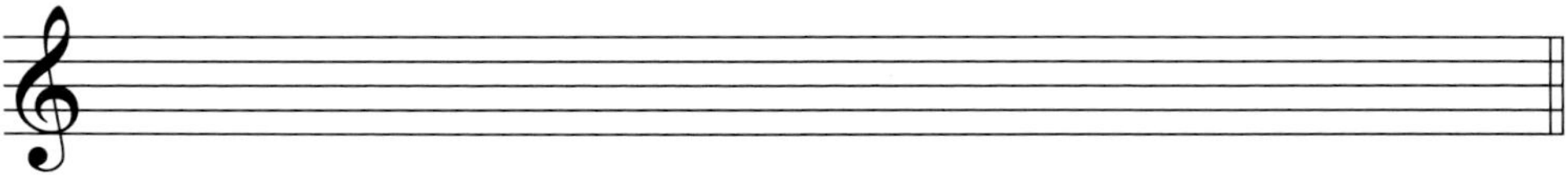

⑧　イ短調

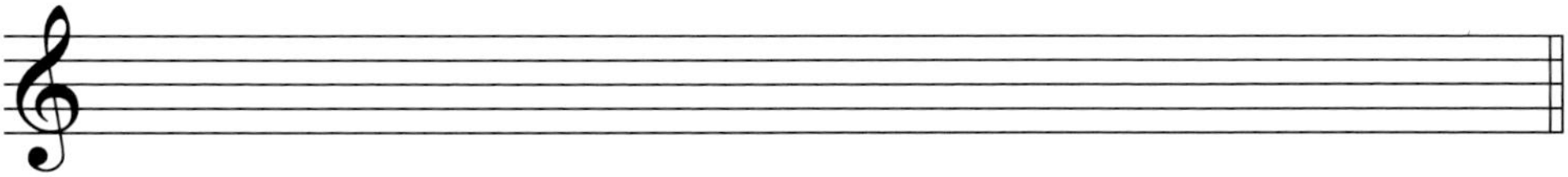

⑨　ホ長調

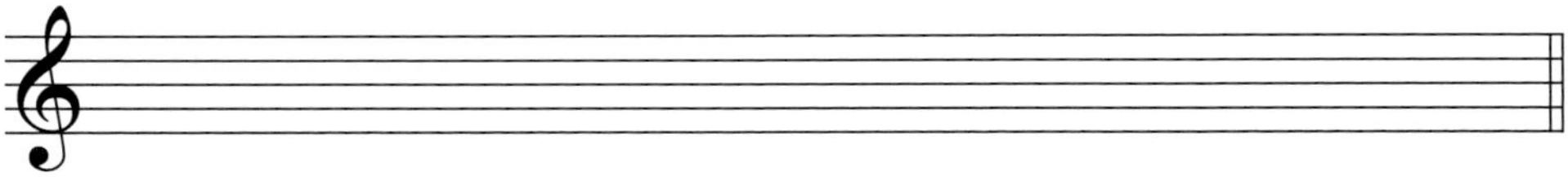

⑩　変ホ長調

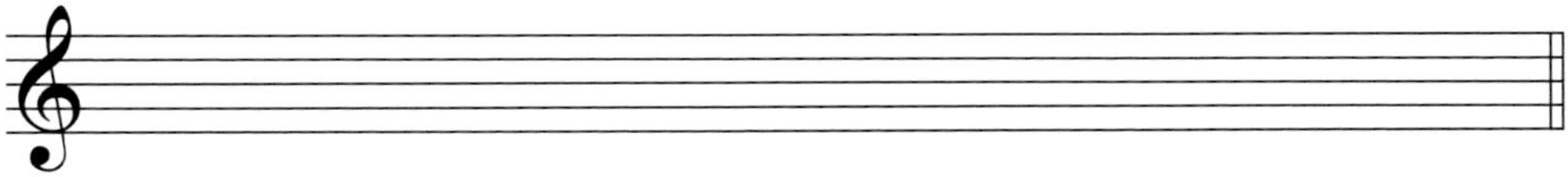

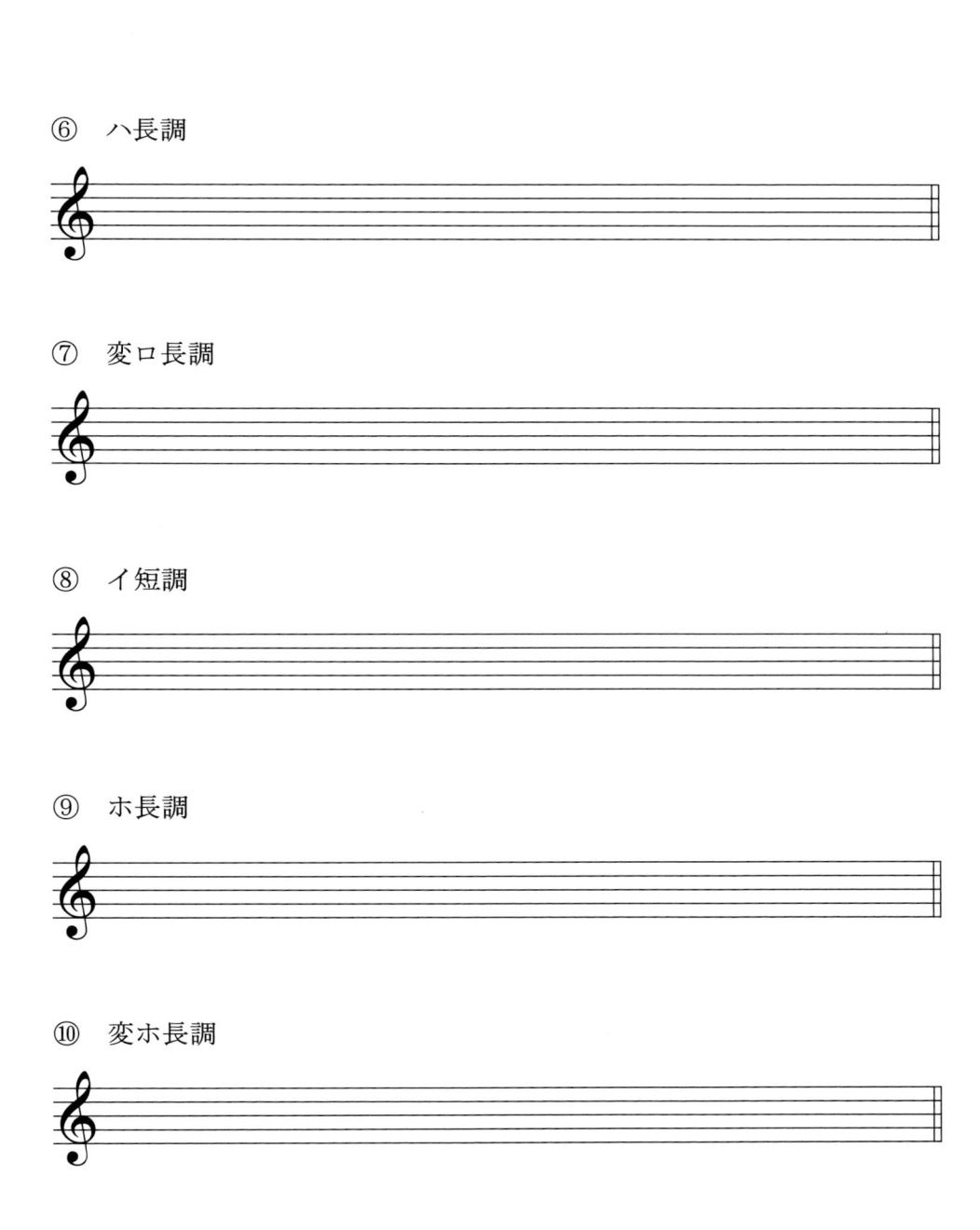

⑪　嬰へ短調

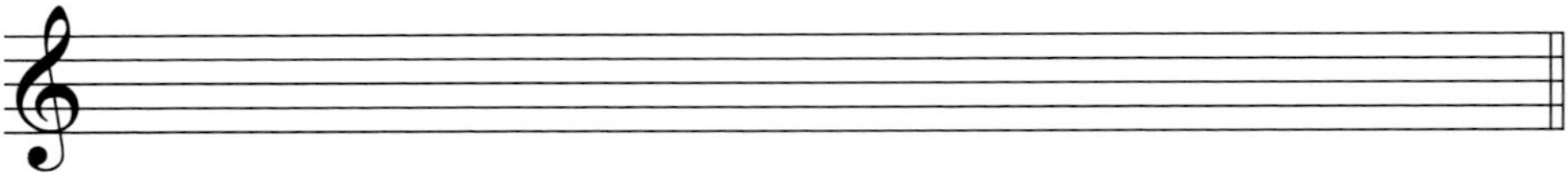

⑫　ト長調

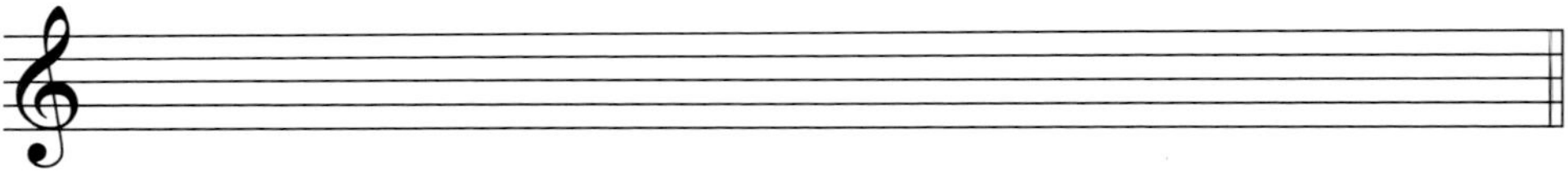

⑬　ト短調

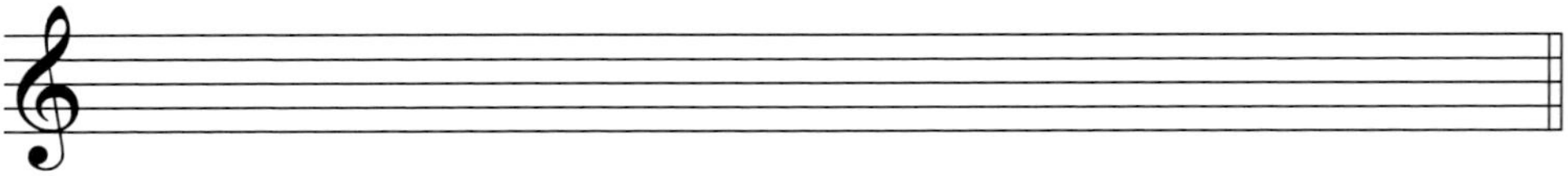

⑭　変ニ長調

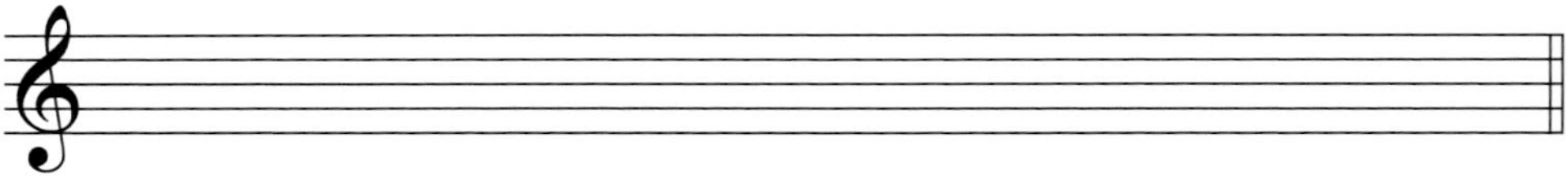

⑮　ロ短調

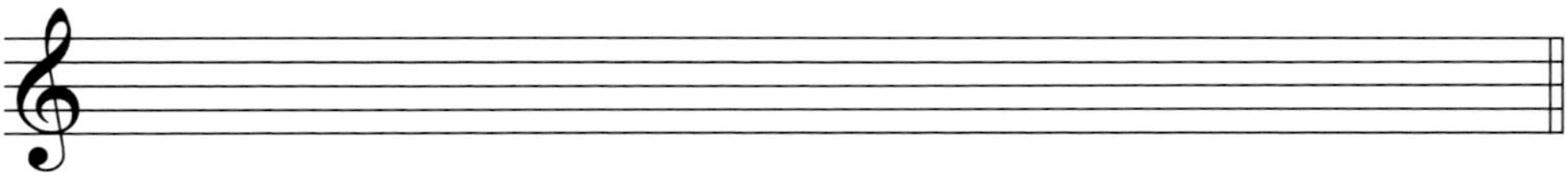

⑯　ニ短調

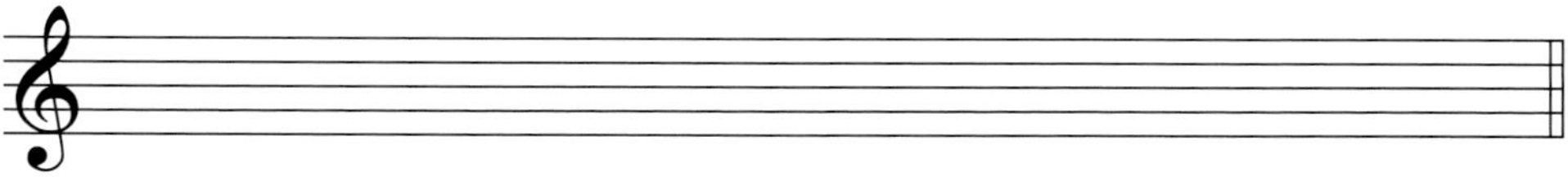

⑰　ヘ短調

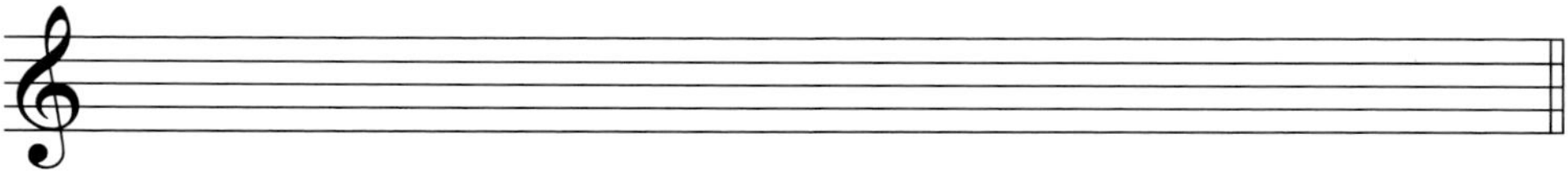

⑱　嬰ハ短調

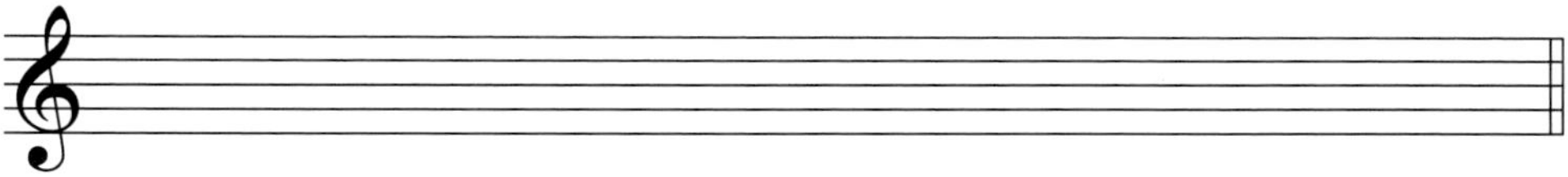

⑲　ロ長調

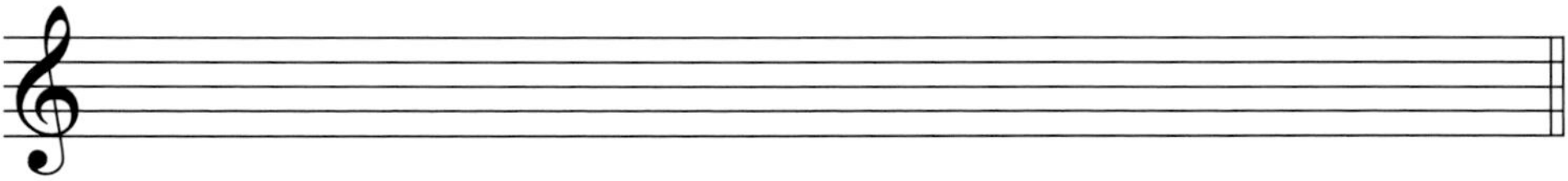

⑳　変イ長調

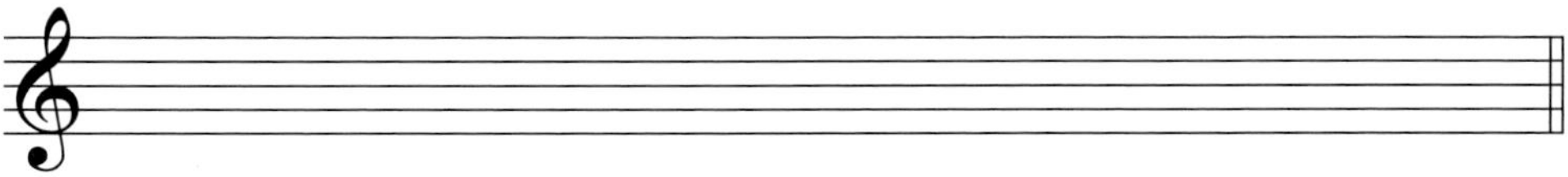

㉑　嬰ト短調

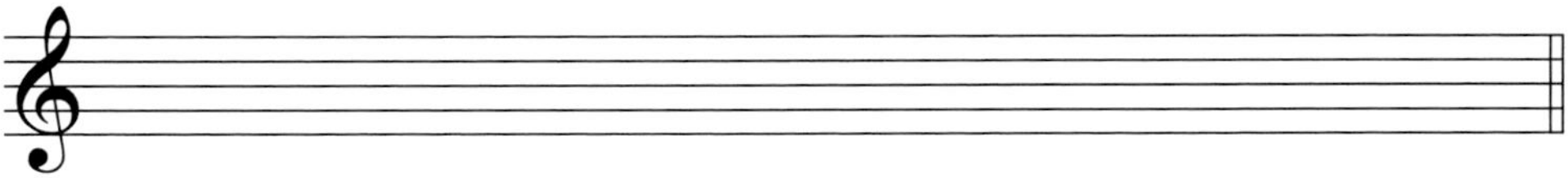

23. 基本形で示された次の和音の転回形を書きなさい。

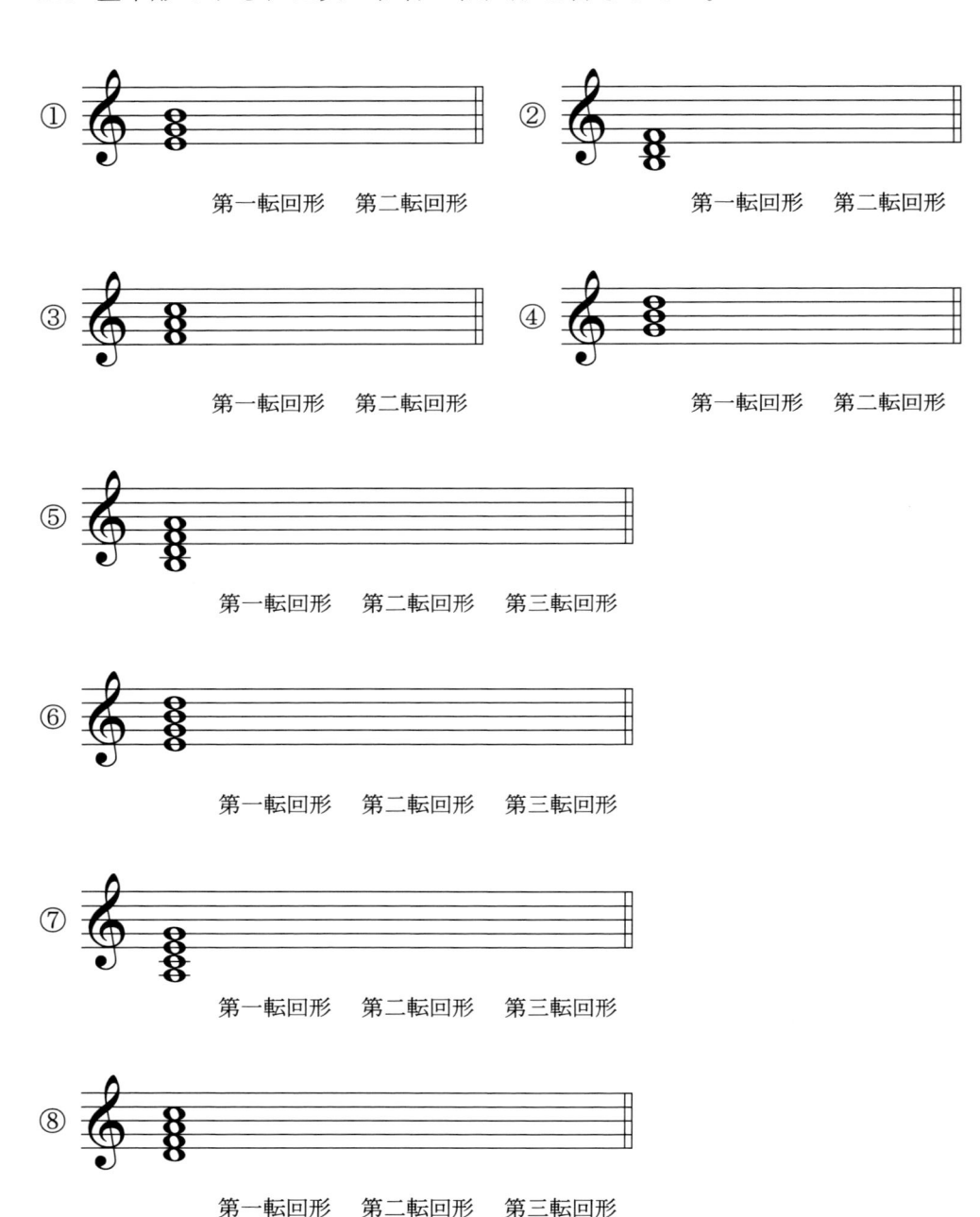

①
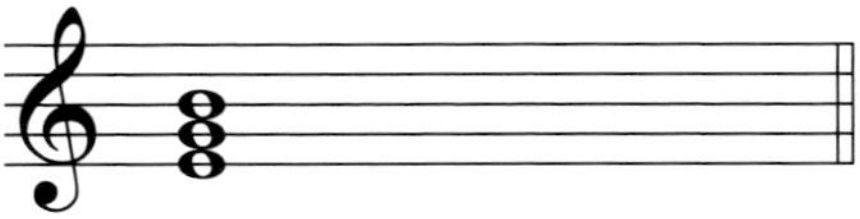

第一転回形　第二転回形

②
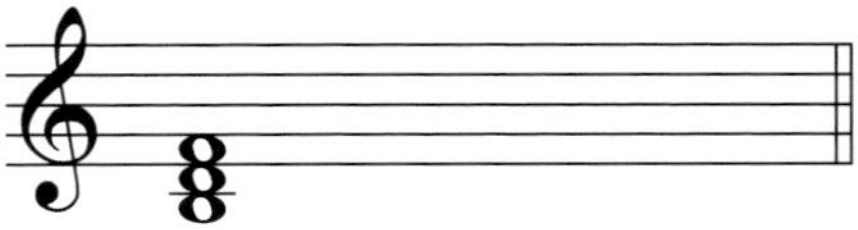

第一転回形　第二転回形

③
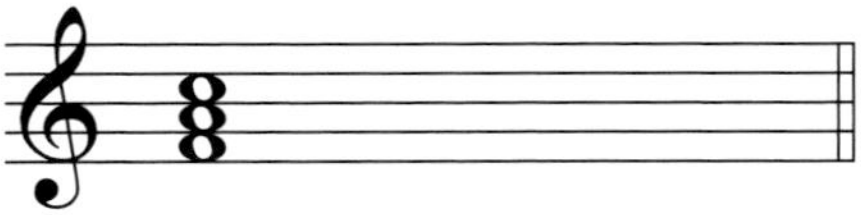

第一転回形　第二転回形

④
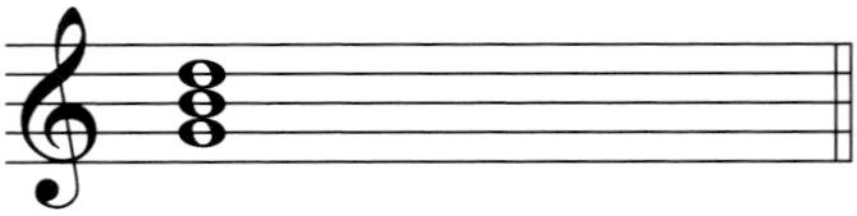

第一転回形　第二転回形

⑤
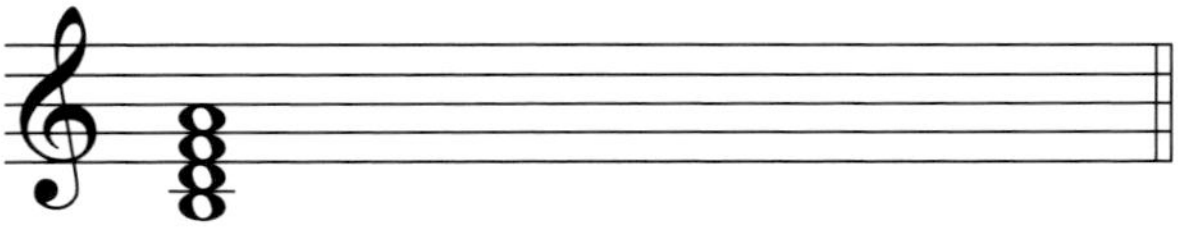

第一転回形　第二転回形　第三転回形

⑥
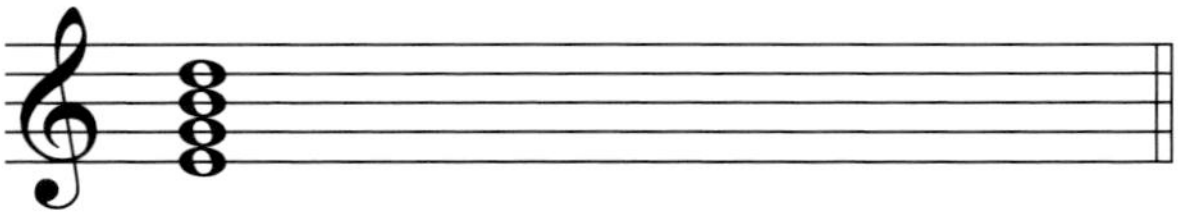

第一転回形　第二転回形　第三転回形

⑦
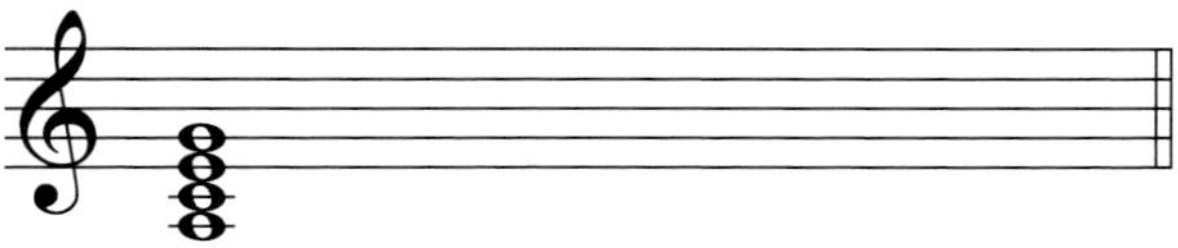

第一転回形　第二転回形　第三転回形

⑧
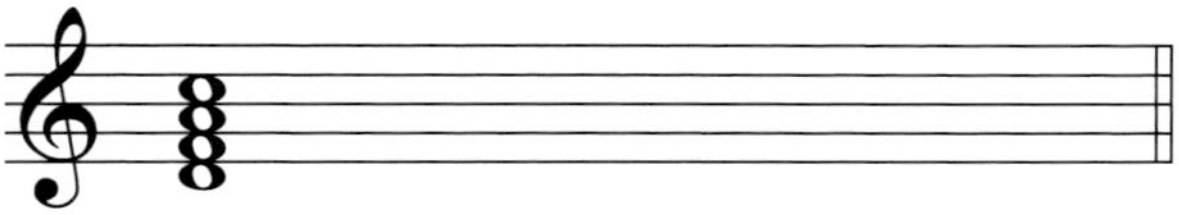

第一転回形　第二転回形　第三転回形

24. 転回形で示された次の和音の基本形を書きなさい。変化記号も付けて書くこと。

① 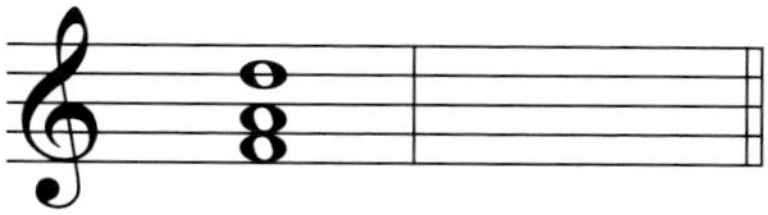

② 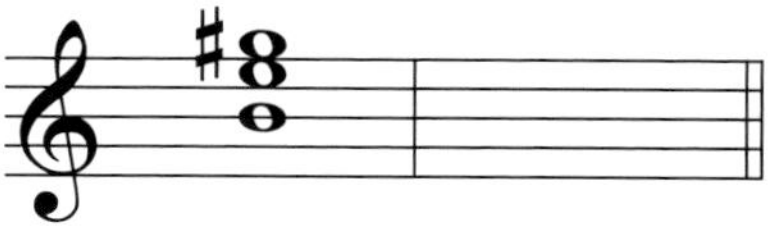

③ 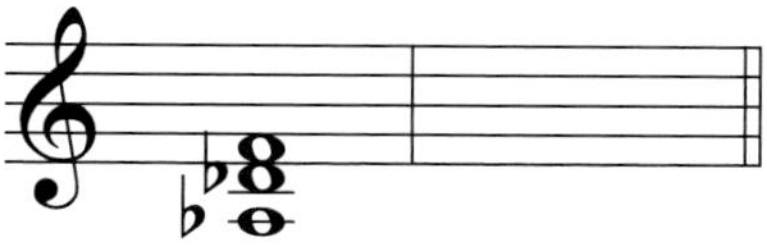

④ 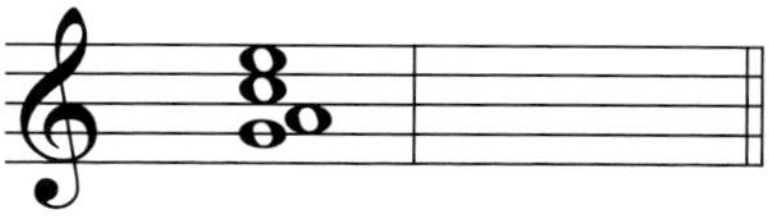

⑤ 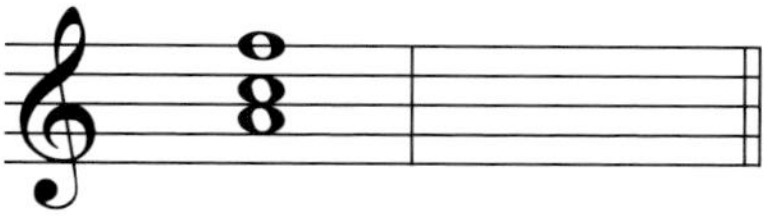

⑥ 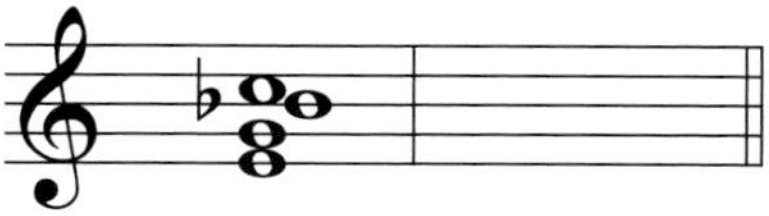

⑦ 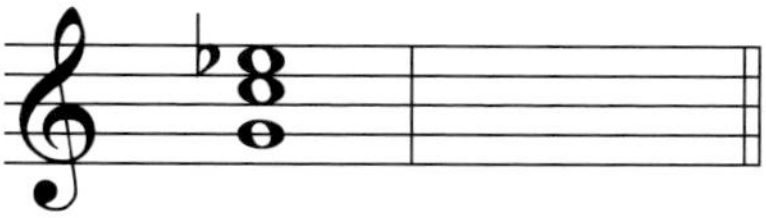

⑧ 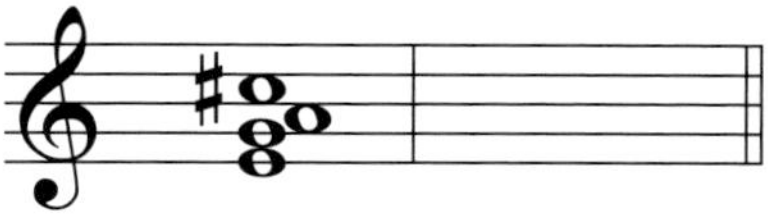

⑨ 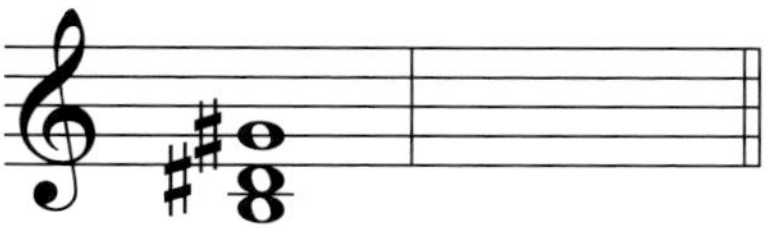

⑩ 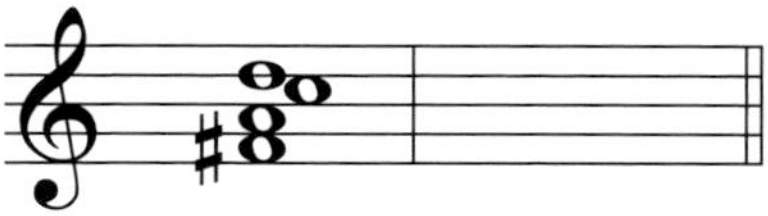

⑪ 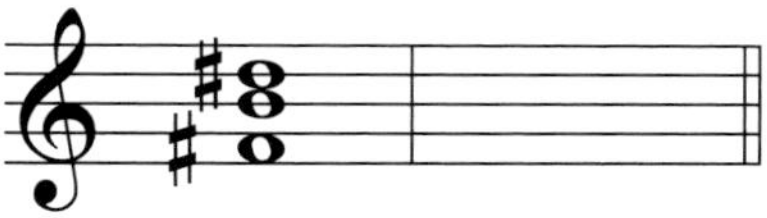

⑫ 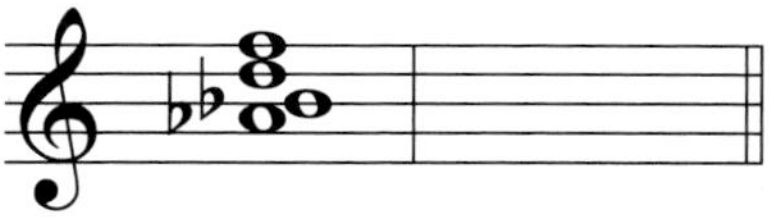

25. 次のダイアトニックコードのコードネームを書きなさい。

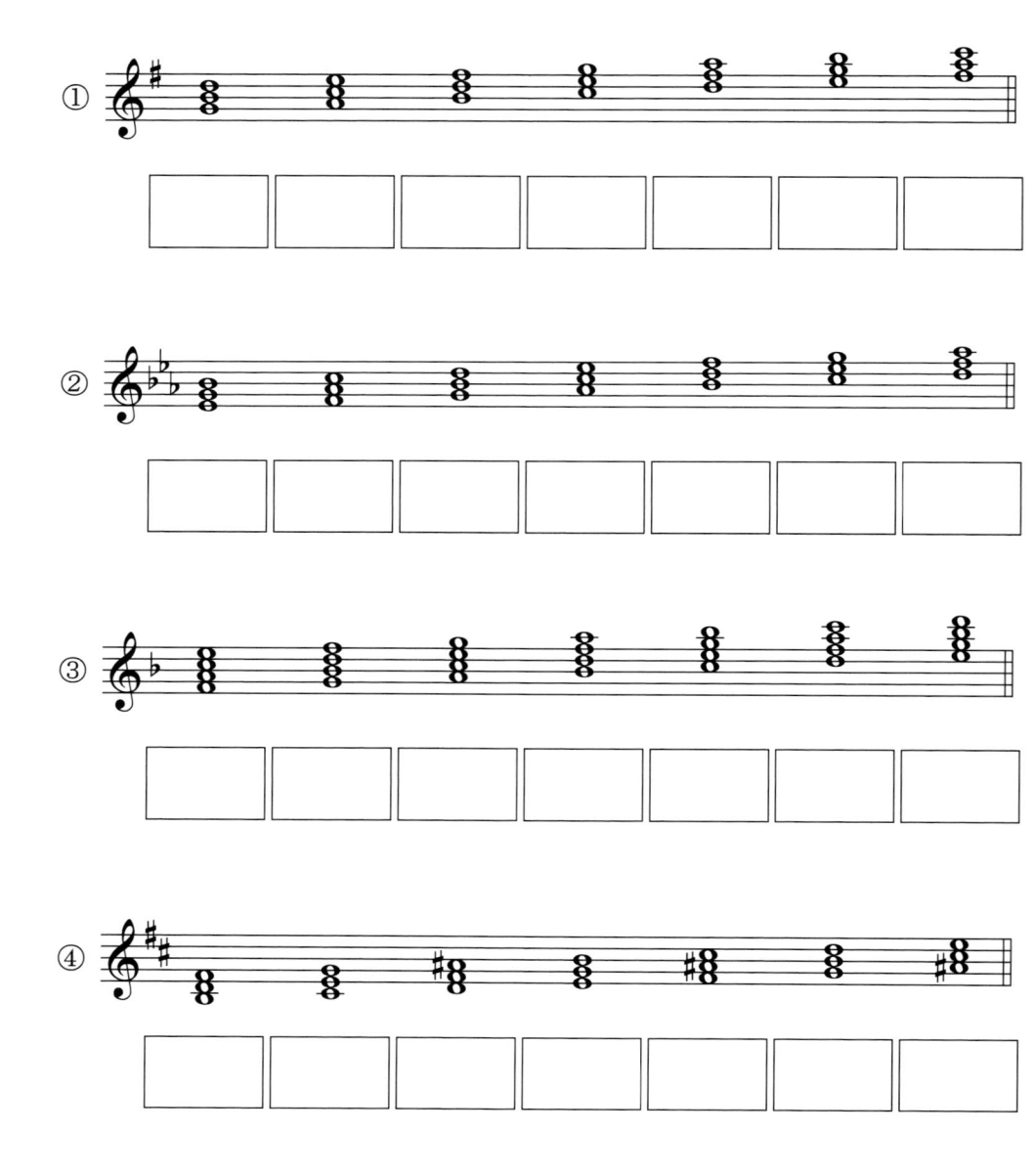

①
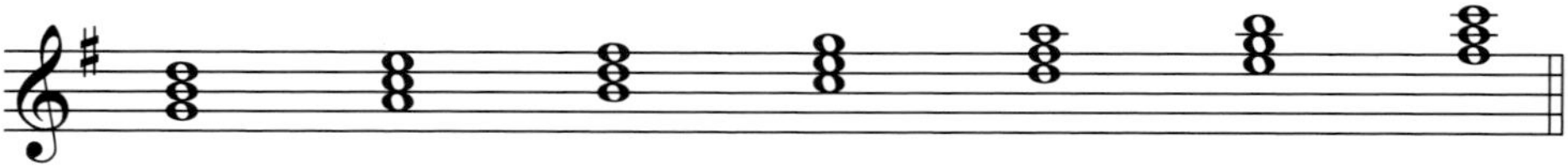

②
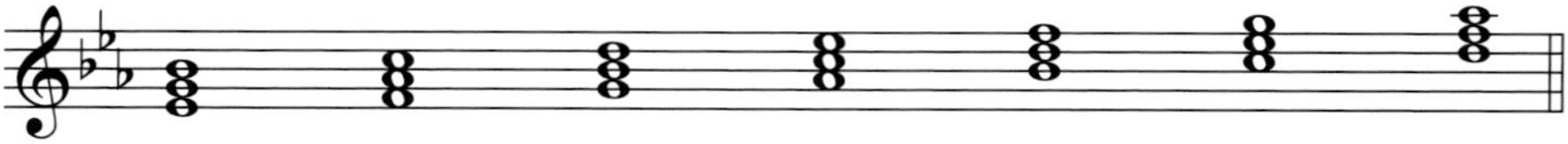

③
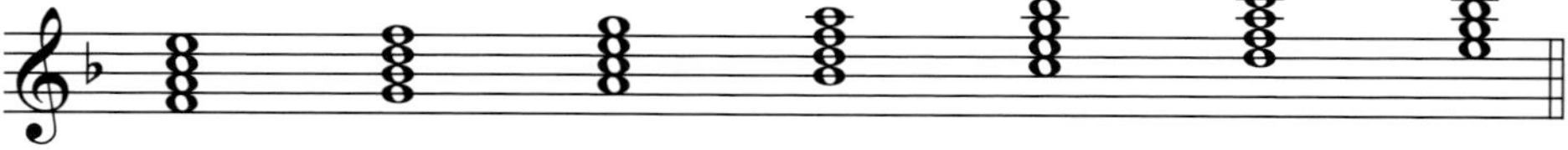

④
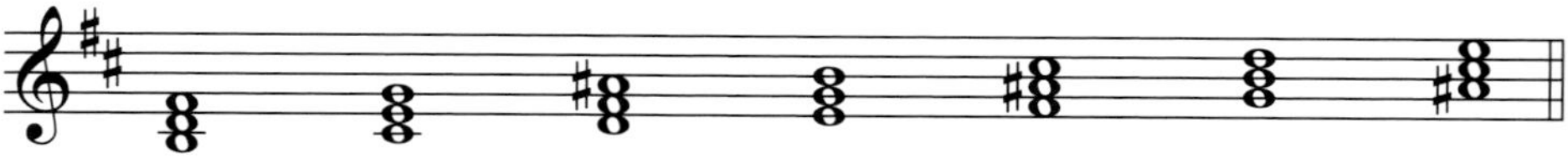

⑤ 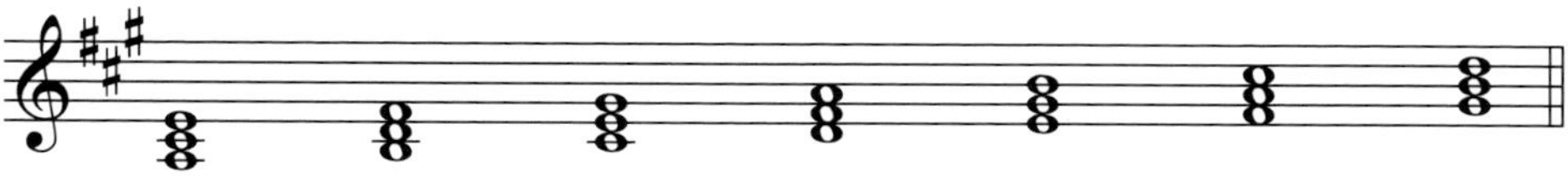

⑥ 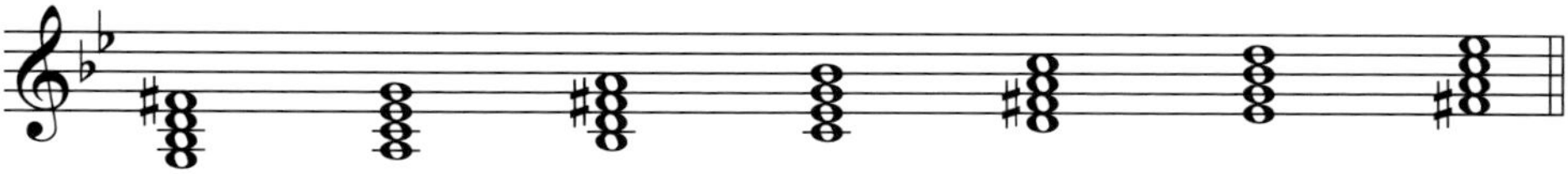

⑦ 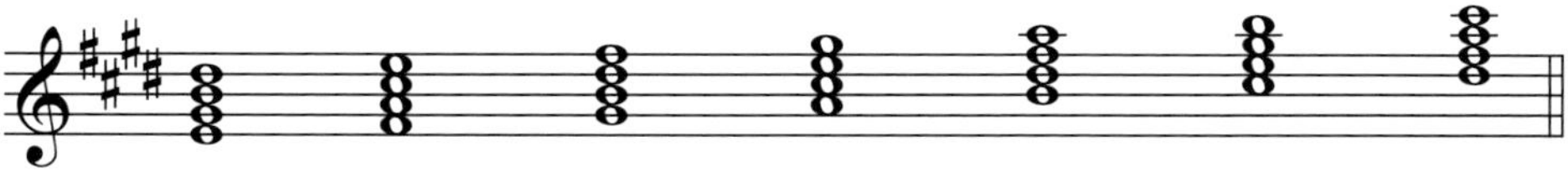

⑧ 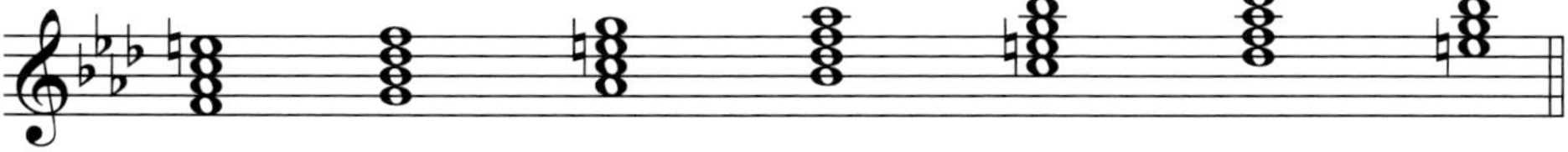

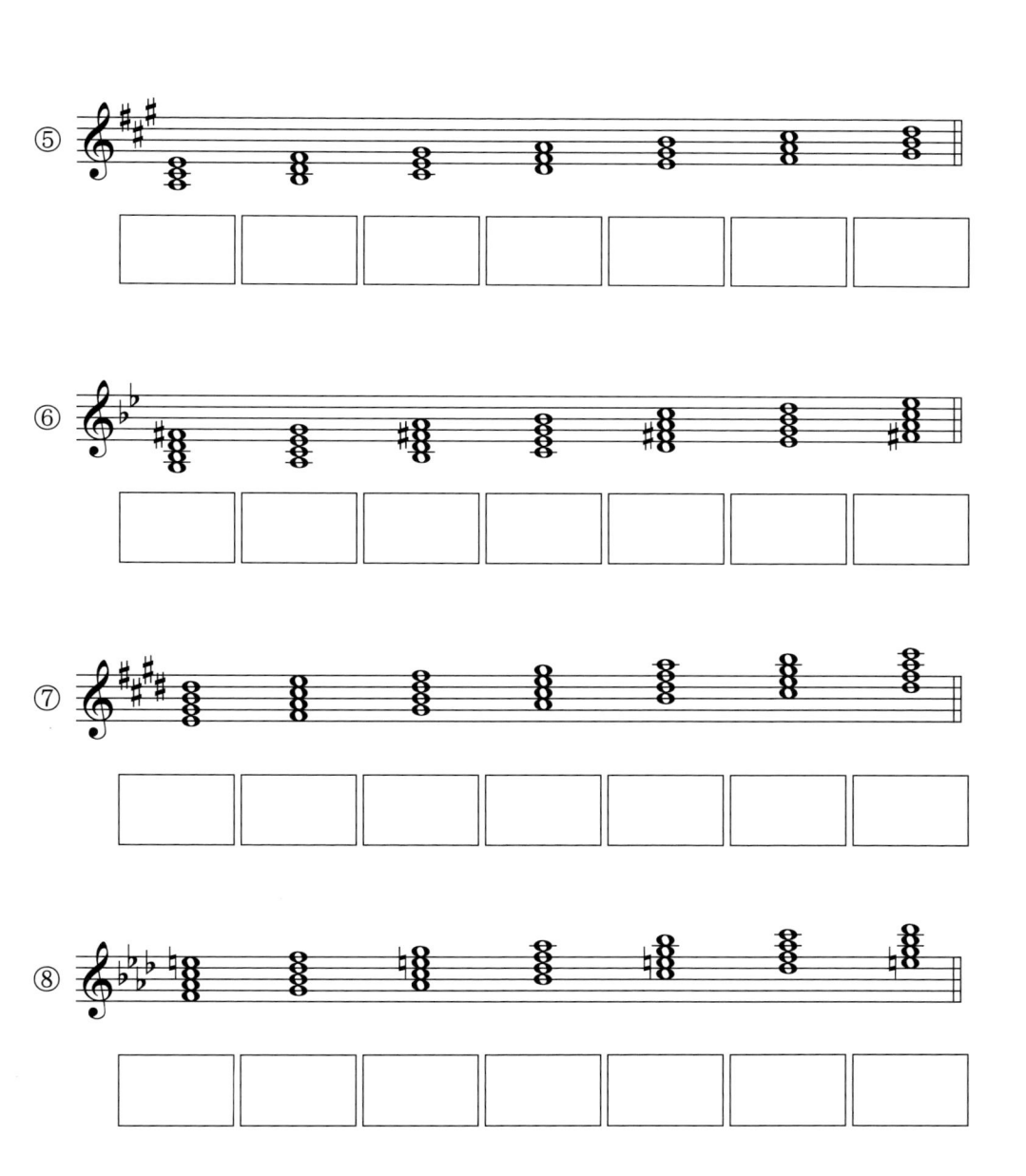

26. 次の音を根音としてコードネームに合う和音に完成させなさい。

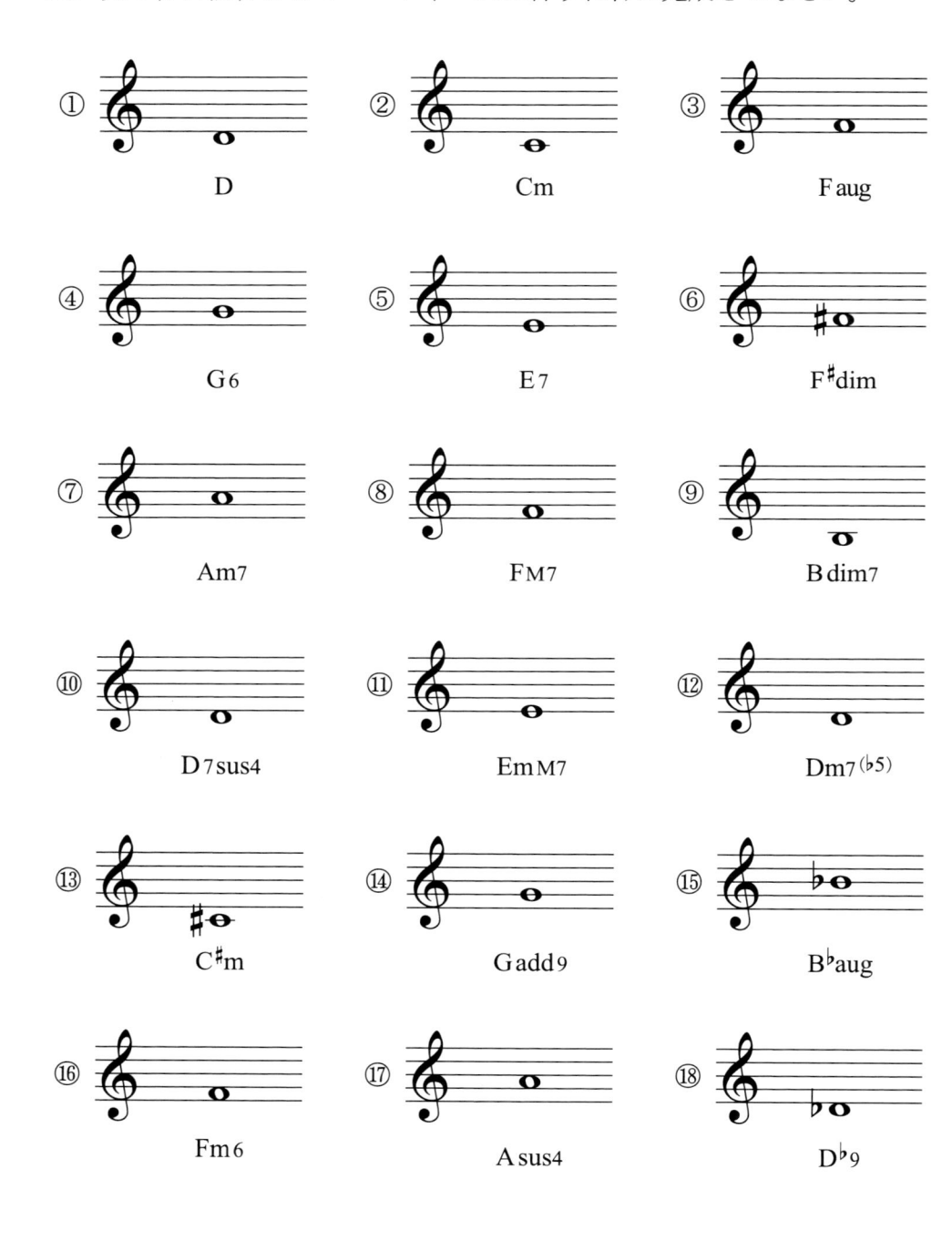

①

D

②
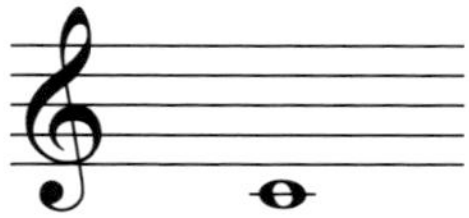
Cm

③

Faug

④
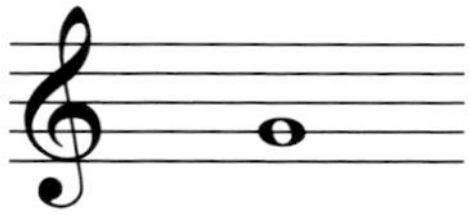
G6

⑤
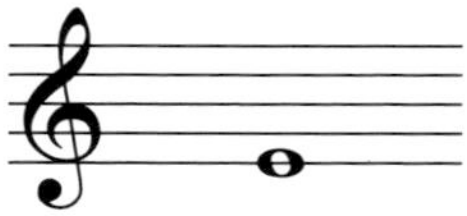
E7

⑥

F♯dim

⑦

Am7

⑧

FM7

⑨
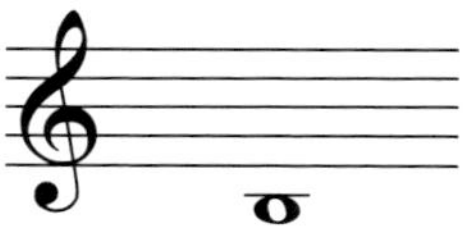
Bdim7

⑩

D7sus4

⑪
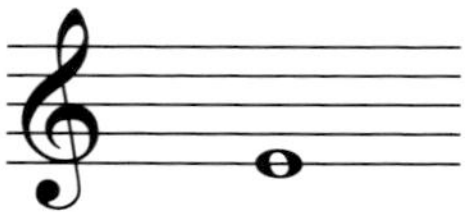
EmM7

⑫
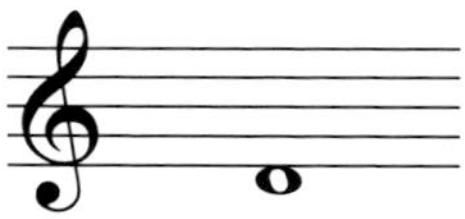
Dm7(♭5)

⑬

C♯m

⑭
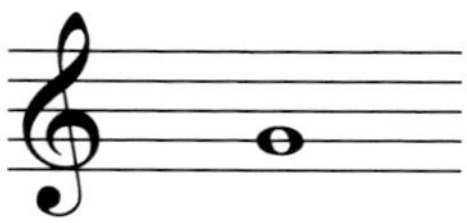
Gadd9

⑮

B♭aug

⑯
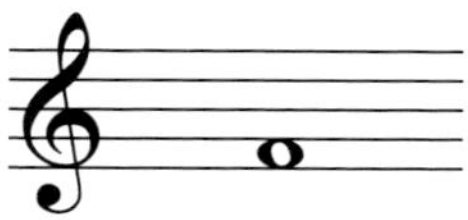
Fm6

⑰
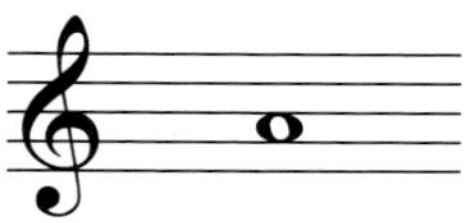
Asus4

⑱

D♭9

27. 次の和音のコードネームを書きなさい。

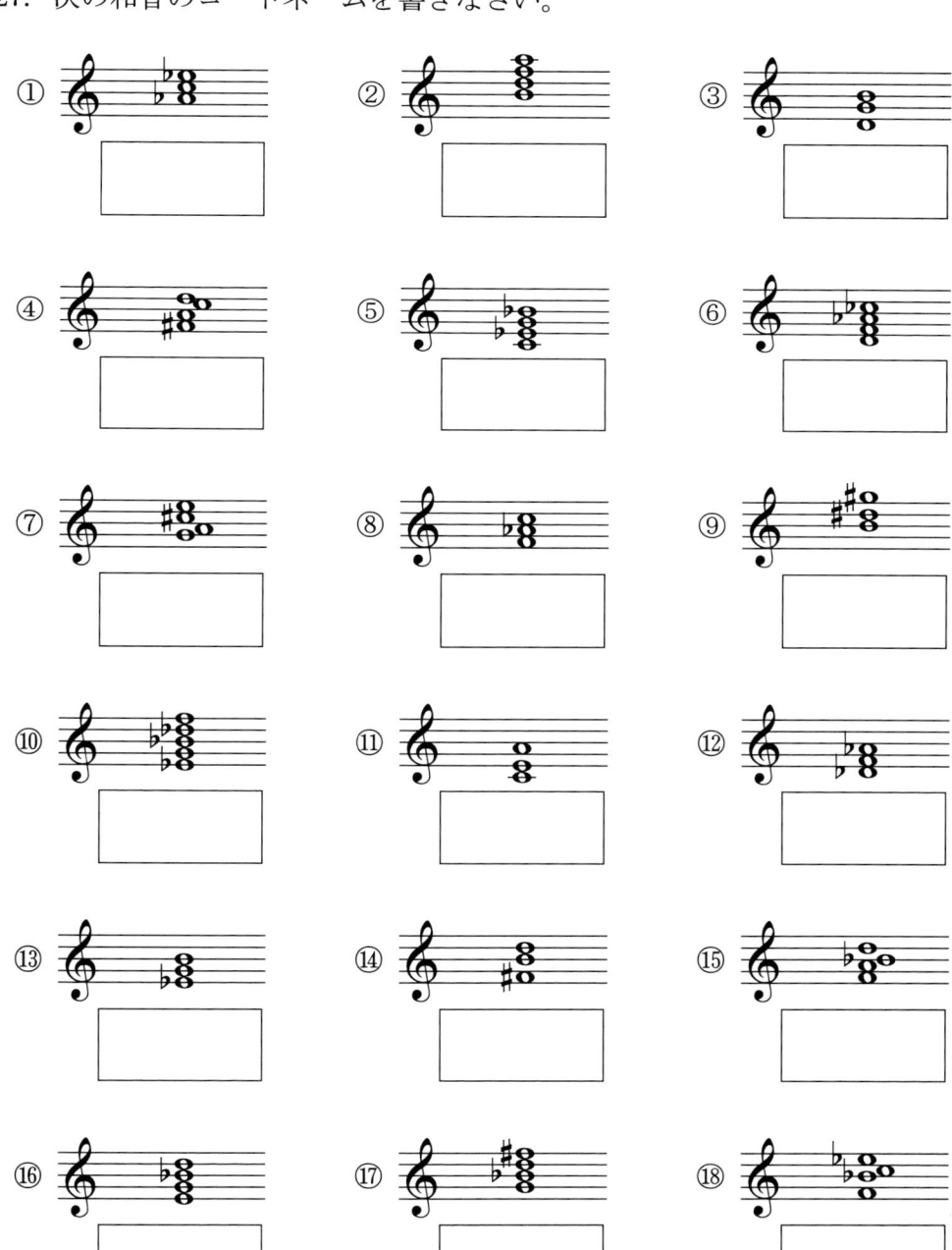

① 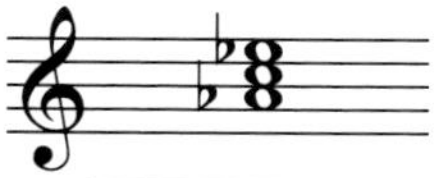

② 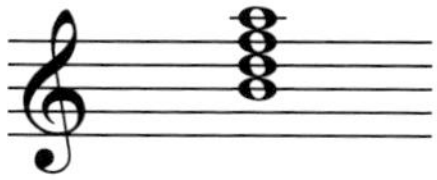

③ 

④ 

⑤ 

⑥ 

⑦ 

⑧ 

⑨ 

⑩ 

⑪ 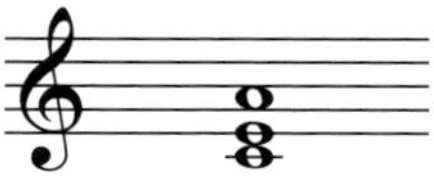

⑫ 

⑬ 

⑭ 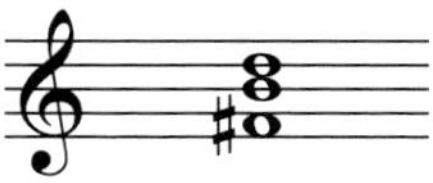

⑮ 

⑯ 

⑰ 

⑱ 

28. 次の速度標語の意味を書きなさい。

速度標語	意　　　味
Allegretto	
Prestissimo	
Lento	
Andante	
Presto	
Lentissimo	
Adagio	
Moderato	
Largo	
Vivace	
Andantino	
Adagietto	
Allegro	

29. 意味に合う速度標語を書きなさい。

意　　　　味	速度標語
中庸の速さで	
快活に	
遅く	
快速に	
Lento より遅く（きわめて遅く）	
歩く速さで（やや遅く）	
幅広くゆっくりと	
急速に	
Largo より少し速く（やや遅く）	
Andante より少し速く（やや遅く）	
きわめて急速に	
ゆるやかに	
Allegro より少し遅く（やや速く）	

30. 次の速度標語を遅いものから速いものへと順に並べて書きなさい。

① Allegro　Lento　Lentissimo

② Andantino　Vivace　Andante

③ Moderato　Prestissimo　Presto

④ Allegro　Allegretto　Larghetto

⑤ Andante　Allegro　Lento

⑥ Moderato　Largo　Larghissimo

31. 速度標語全体の中で速い方に分類される語には ○ 、遅い方に分類される語には △ を（　）の中に書きなさい。

Andante（　　）	Prestissimo（　　）	Allegretto（　　）
Larghetto（　　）	Andantino（　　）	Lento（　　）
Vivace（　　）	Adagio（　　）	Allegro（　　）
Lentissimo（　　）	Adagietto（　　）	Largo（　　）
Larghissimo（　　）	Presto（　　）	

32. 次の速度用語の意味を書きなさい。

用　　語	意　　味
ritardando（rit.）	
più mosso	
Tempo Ⅰ	
accelerando（accel.）	
in tempo	
a tempo	
Tempo di Marcia	
tempo rubato	
stringendo	
più Allegro	
meno mosso	
più Lento	
L'istesso tempo	
ritenuto（riten.）	
Tempo di Valse	
tempo guisto	
meno Allegro	
rallentando（rall.）	
ad libitum	
meno Lento	

33. 意味に合う速度用語を書きなさい。

意　　味	用　　語
だんだん遅く	
はじめの速さで	
すぐに遅く	
一定の速さで	
だんだん速く	
もとの速さで	

34. 次の強弱記号の読み方と意味を書きなさい。

記　号	読　み　方	意　　味
f		
mp		
ff		
ppp		
mf		
p		
fff		
pp		

35. 次の強弱記号を弱いものから強いものへと左から順に並べて書きなさい。

mp ***ff*** ***p*** ***mf*** ***pp*** ***f***

36. 次の強弱についての用語の意味を書きなさい。

用　　　　語	意　　　　味
calando	
diminuendo（dim.）	
smorzando	
allargando	
morendo	
rf　*rfz*　*rinf*	
perdendosi	
crescendo（cresc.）	
largando	
sf　*sfz*	
decrescendo（decresc.）	

37. 指示に付加する次の用語の意味を書きなさい。

用　　語	意　　　味
più	
quasi	
poco	
molto	
poco a poco	
non tanto	
un poco	
meno	
sempre	
non troppo	
assai	
subito	
senza	
ma	
simile	

38. 次の発想標語の意味を書きなさい。

発 想 標 語	意　　味
espressivo（con espressione）	
marcato	
religioso	
con moto	
agitato	
grave	
con fuoco	
sostenuto	
maestoso	
cantabile	
leggiero	
brillante	
pesante	
appassionato	
tranquillo	
animato（con anima）	
dolce	
capriccioso	
risoluto	
veloce	
con brio	
giocoso	
stretto	
grazioso（con grazia）	

39. 発想標語とその意味が合うように空欄に書きなさい。

発　想　標　語	意　　　味
elegante	
	柔らかく、愛らしく、甘く
pastorale	
	野性的に激しく
misterioso	
	楽しげに、陽気に
impetuoso	
	威厳をもって、おごそかに
lamentabile （lamentoso）	
	熱烈に、火のように
arioso	
	厳粛に
comodo（commodo）	
	はっきりと
patetico	
	軽く
affettuoso	
	戯れるように、諧謔的に
dolente	
	動きをつけて
nobilmente	
	せきこんで
amabile	
	熱情的に、情熱的に

40. 次の用語と記号のうち、速度の指示と、速度の変化の指示を○で囲みなさい。

cantabile　più mosso　Allegro　grazioso

poco a poco　Tempo di Valse　decrescendo　Largo

Tempo Ⅰ　***pp***　capriccioso　Adagietto

accelerando　Presto　animato　appassionato

rallentando　tranquillo　grave　stringendo

maestoso　Moderato　serioso　Andantino

41. 次の用語と記号のうち、強さの指示と、強さの変化の指示を○で囲みなさい。

stringendo　Vivace　meno mosso　con brio

diminuendo　crescendo　ad libitum　ritenuto

religioso　***mp***　Prestissimo　semplice

scherzando　***sf***　non troppo　quasi

tempo guisto　brillante　misterioso　comodo

f　con fuoco　decrescendo　L'istesso tempo

42. 次の用語のうち、強さと速さの両方を指示する語を○で囲みなさい。

Presto　in tempo　allargando　comodo

Andante　ritardando　calando　patetico

sempre　affettuoso　poco a poco　smorzando

amabile　più mosso　dolce　largando

ritenuto　perdendosi　Vivace　non tanto

morendo　tempo guisto　agitato　Larghetto

43. 次の用語の反対の意味のものを［　　］から選んで書きなさい。

用　　　語	反対の意味の用語
più mosso	
molto	
tempo guisto	
diminuendo	
Adagio	
ritardando	
lamentabile	
subito	
tenuto	
con fuoco	

giocoso　Moderato　elegiaco　rallentando　staccato
decresc.　tempo rubato　allargando　meno mosso　poco
una corda　accelerando　poco a poco　Presto　legato
non troppo　serioso　tranquillo　crescendo　cantabile

44. 次の指示の意味を書きなさい。

sotto voce	
una corda	
tenuto	
senza sordino	
legato	
tutti	

45. 次の指示の意味を書きなさい。

Andante religioso	
Adagio cantabile	
poco a poco cresc.	
Moderato con moto	
Allegro comodo non agitato	
poco Lento e grazioso	
Allegretto pastorale	
ff grandioso	
Allegro guisto, poco sostenuto	
Andante maestoso	
sempre moderato, pesante	
cresc. e un poco agitato	
Allegro non troppo ma con brio	
Andante, grave energico	
dolente e perdendosi	
Allegro, molto appassionato	
Andantino espressivo assai	
sempre leggiero, nobilmente	
Andante marziale	
dolce tranquillo	
giocoso assai, sempre prestissimo	
capriccioso stringendo	

46. 次の楽譜について、下の問いに答えなさい。

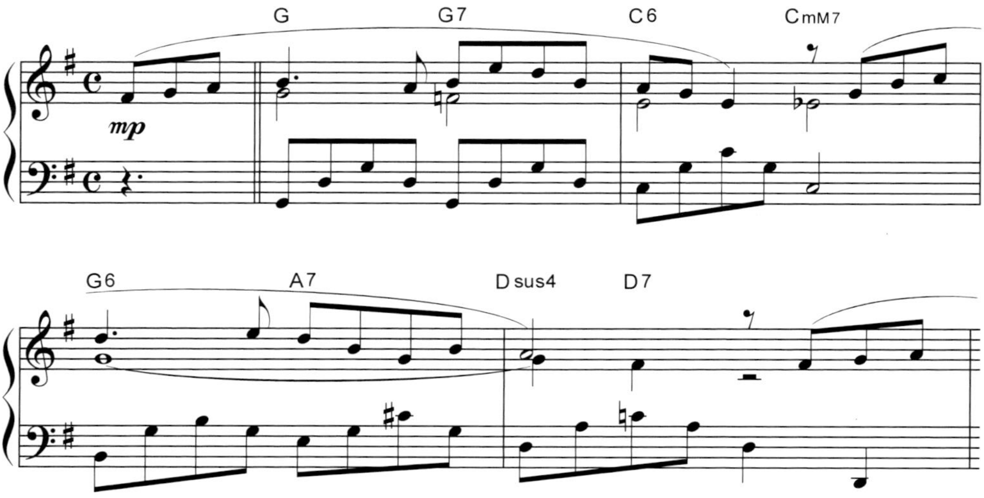

アイルランド民謡「ロンドンデリーの歌」

① この曲は何調ですか。

② この曲に使われているコードの基本形を書きなさい。

G	G7	C6	CmM7
G6	A7	Dsus4	D7

47. 次の楽譜について、下の問いに答えなさい。

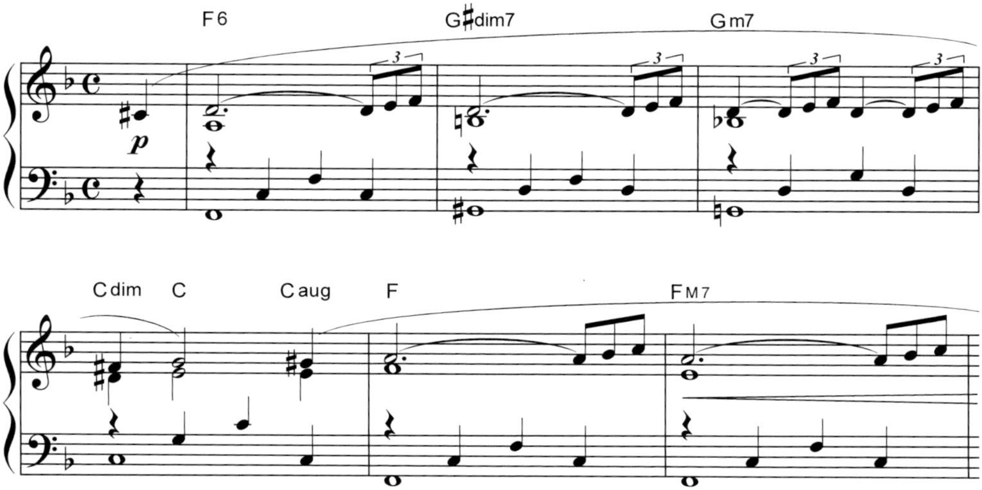

ミラー「ムーンライト・セレナーデ」

① この曲は何調ですか。

② この曲に使われているコードの基本形を書きなさい。

F6	G♯dim7	Gm7	Cdim
C	Caug	F	FM7

48. 次の楽譜について、下の問いに答えなさい。

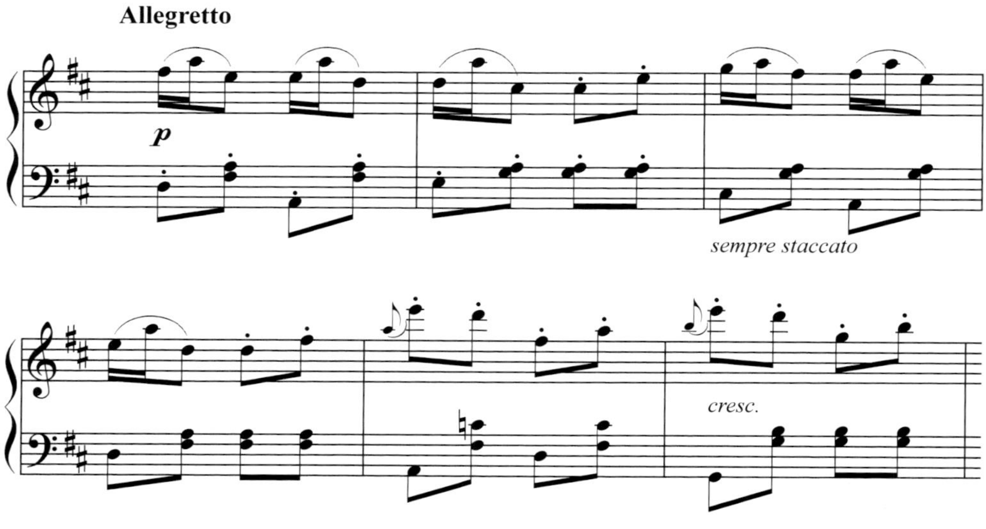

シュトラウス「アンネンポルカ」

① この曲は何調ですか。

② この曲は何分の何拍子ですか。

③ 次の用語の読み方と意味を書きなさい。

用　語	読 み 方	意　味
Allegretto		
p		
sempre staccato		
cresc.		

49. 次の楽譜について、下の問いに答えなさい。

フォーレ「シシリエンヌ」

① この曲は何調ですか。

② この曲は何分の何拍子ですか。

③ この曲の速度標語の読み方と意味を書きなさい。

読み方　　　　意　味

④ ㋐～㋕の音符名または休符名を書きなさい。

㋐	㋑
㋒	㋓
㋔	㋕

50. 次の楽譜について、下の問いに答えなさい。

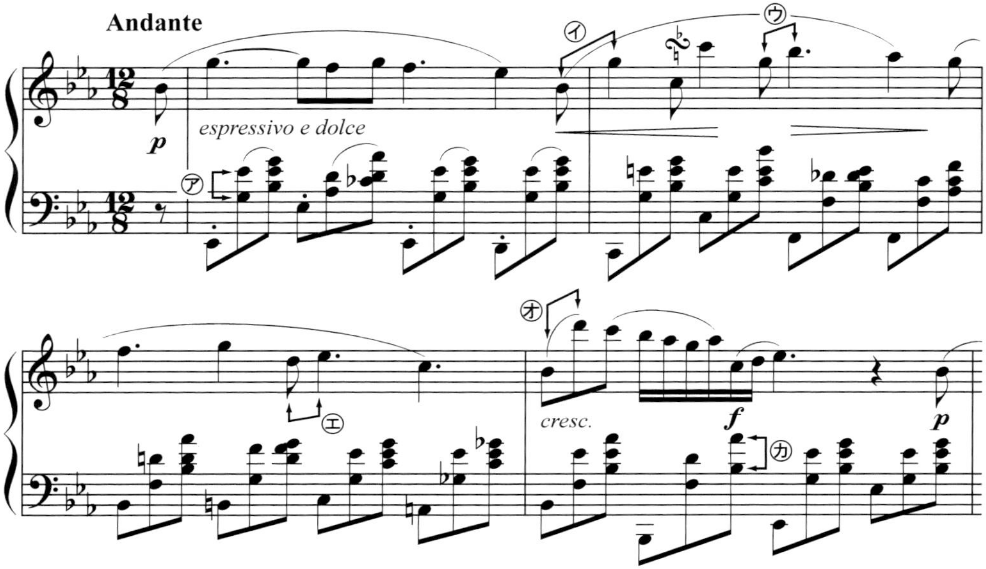

ショパン「ノクターン」

① この曲は何調ですか。

② 次の用語の読み方と意味を書きなさい。

用　語	読 み 方	意　　味
Andante		
espressivo		
dolce		

③ ㋐〜㋕の音程を書きなさい。

㋐	㋑
㋒	㋓
㋔	㋕

解　答

Answers

1.
① (ト音記号)
② (上第１線)
③ (第 ４ 線)
④ (第 ３ 間)
⑤ (下第１間)
⑥ (上第１間)
⑦ (第 ３ 線)
⑧ (第 １ 間)
⑨ (下第１線)
⑩ (へ音記号)

2.

ニ ロ と ホ イ E3 F5 B2 C6 G4

3.

①

階　名	ド	ファ	ラ♭	レ♯	シ	ミ♭	ソ♯	シ♭	ド♯	ラ
音　名	ハ	ヘ	変イ	嬰ニ	ロ	変ホ	嬰ト	変ロ	嬰ハ	イ
英音名	C	F	A♭	D♯	B	E♭	G♯	B♭	C♯	A
独音名	C	F	As	Dis	H	Es	Gis	B	Cis	A

②

階　名	レ	ソ♯	シ	ファ♭	ラ♯	ファ♯	レ♭	ミ♯	ド	ソ♭
音　名	ニ	嬰ト	ロ	変ヘ	嬰イ	嬰ヘ	変ニ	嬰ホ	ハ	変ト
英音名	D	G♯	B	F♭	A♯	F♯	D♭	E♯	C	G♭
独音名	D	Gis	H	Fes	Ais	Fis	Des	Eis	C	Ges

4.
① A B C D E F C D G H
② A B A B C D E F G F H A B A B C D
③ A B C D E F G H G H C D
④ A B C B C D E F E F G A B C B C D H
⑤ A B A C A D E F G F G E H
⑥ A B C D C D A E F G F H

5.

①

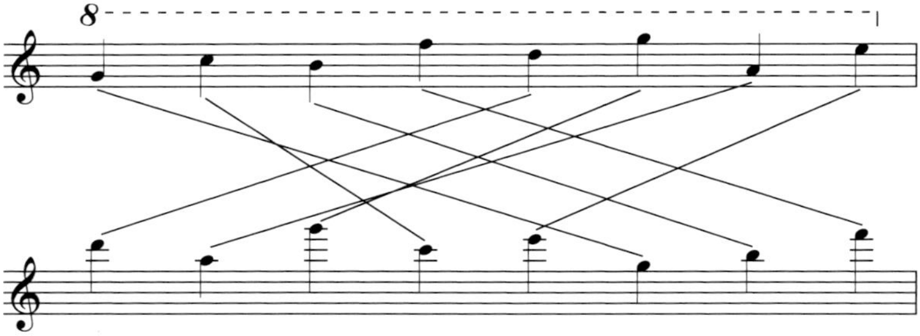

②

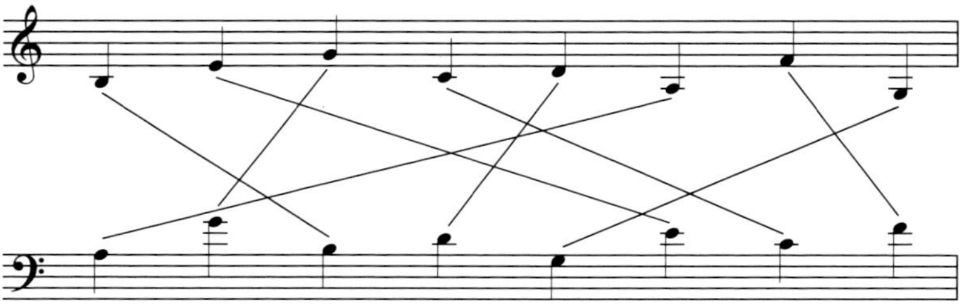

③

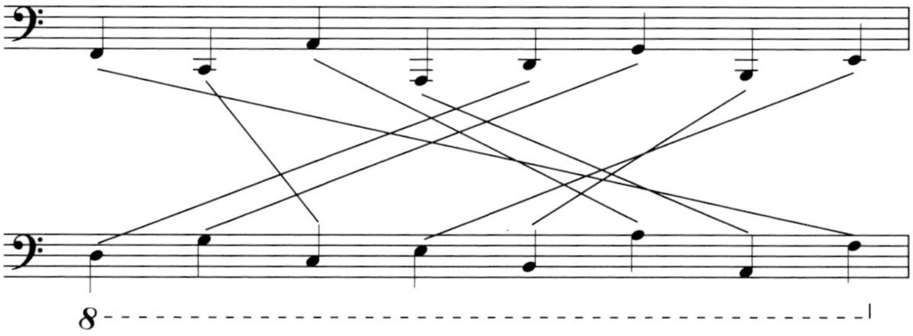

6.

①

階　名	ミ	ソ	ド	ファ	シ	ラ	レ	ミ
音　名	ホ	ト	ハ	ヘ	ロ	イ	ニ	ホ
英音名	E	G	C	F	B	A	D	E
独音名	E	G	C	F	H	A	D	E

②

階　名	シ	ミ	ラ	レ	ラ	ド	ソ	ファ
音　名	ロ	ホ	イ	ニ	イ	ハ	ト	ヘ
英音名	B	E	A	D	A	C	G	F
独音名	H	E	A	D	A	C	G	F

③

階　名	ファ♯	ソ♯	シ♭	レ♭	ラ♭	レ♯	ド♯	ソ♭
音　名	嬰ヘ	嬰ト	変ロ	変ニ	変イ	嬰ニ	嬰ハ	変ト
英音名	F♯	G♯	B♭	D♭	A♭	D♯	C♯	G♭
独音名	Fis	Gis	B	Des	As	Dis	Cis	Ges

④

階　名	ラ♯	ミ♭	ファ♭	レ♯	シ♯	ド♭	シ♭	ミ♯
音　名	嬰イ	変ホ	変ヘ	嬰ニ	嬰ロ	変ハ	変ロ	嬰ホ
英音名	A♯	E♭	F♭	D♯	B♯	C♭	B♭	E♯
独音名	Ais	Es	Fes	Dis	His	Ces	B	Eis

7. ①

ソ ミ レ ド ミ レ ファ ミ シ ド
ラ レ ミ ラ レ シ ラ ソ レ ミ
ソ レ レ ミ ソ ミ ラ ソ レ シ ラ ソ ファ レ ド

②

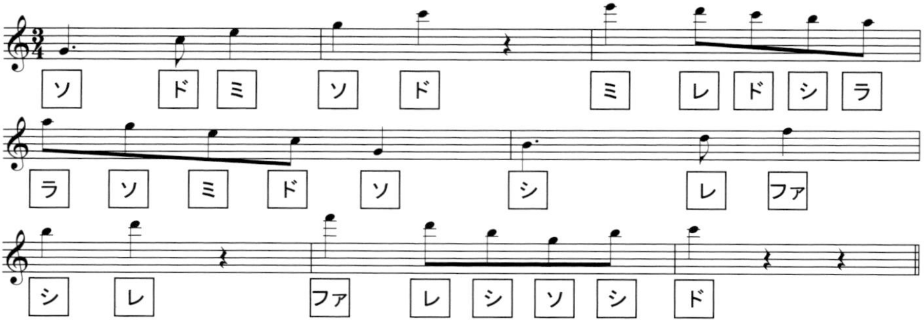
ソ ド ミ ソ ド ミ レ ド シ ラ
ラ ソ ミ ド ソ シ レ ファ
シ レ ファ レ シ ソ シ ド

③

シ ソ レ ミ ファ ソ ミ シ ミ ド
ラ シ ド レ シ ド ラ ド シ ラ ソ シ ソ ミ ミ ファ ソ ミ
ド レ ミ ファ レ ソ ミ ファ レ ラ ソ ファ ミ ファ レ

④

ド ファ ミ ファ ラ ド ファ ファ ミ レ
ド ファ ソ ラ シ レ ファ ソ ラ ド ソ ド ファ ミ ファ ラ
ド ラ ラ ソ ファ ミ ファ ラ レ ファ ミ ミ レ ミ ド ド

8. ①

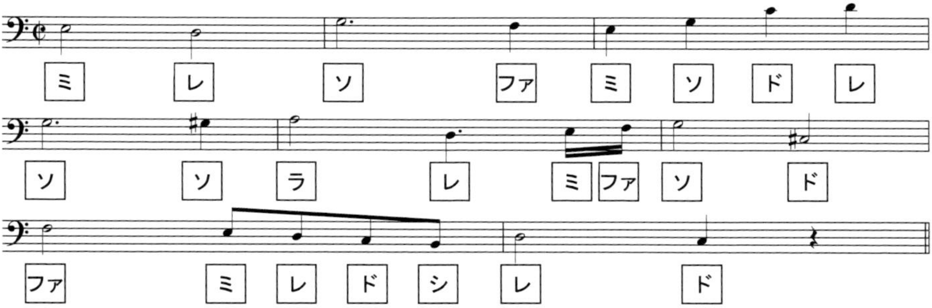
ミ レ ソ ファ ミ ソ ド レ
ソ ソ ラ レ ミ ファ ソ ド
ファ ミ レ ド シ レ ド

②

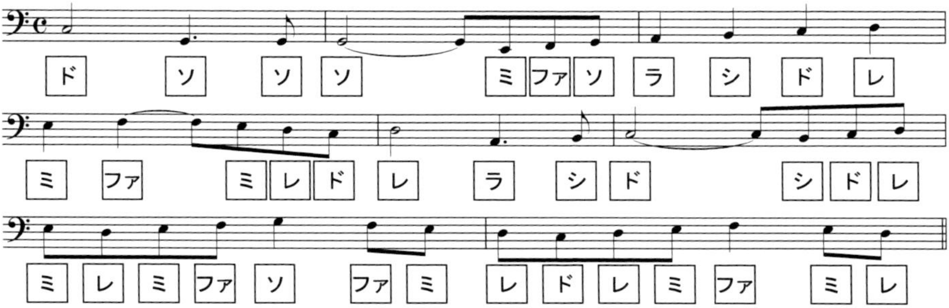
ド ソ ソ ソ ミ ファ ソ ラ シ ド レ
ミ ファ ミ レ ド レ ラ シ ド シ ド レ
ミ レ ミ ファ ソ ファ ミ レ ド レ ミ ファ ミ レ

③

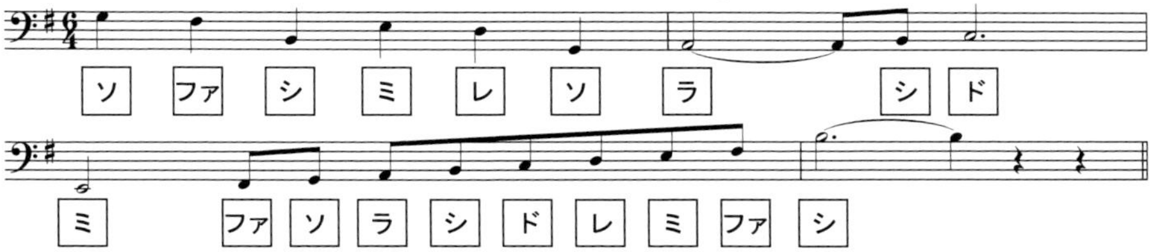
ソ ファ シ ミ レ ソ ラ シ ド
ミ ファ ソ ラ シ ド レ ミ ファ シ

④

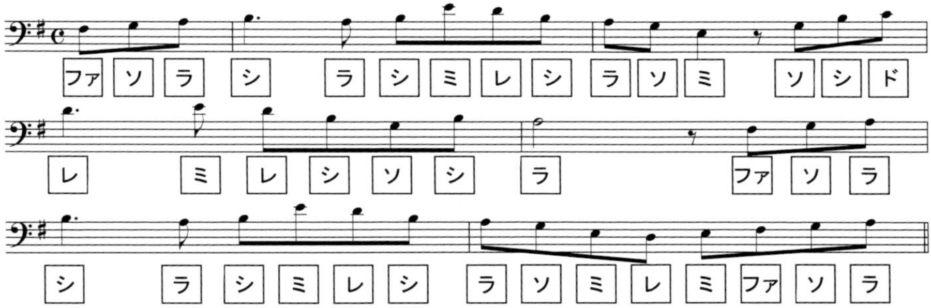
ファ ソ ラ シ ラ シ ミ レ シ ラ ソ ミ ソ シ ド
レ ミ レ シ ソ シ ラ ファ ソ ラ
シ ラ シ ミ レ シ ラ ソ ミ レ ミ ファ ソ ラ

⑤

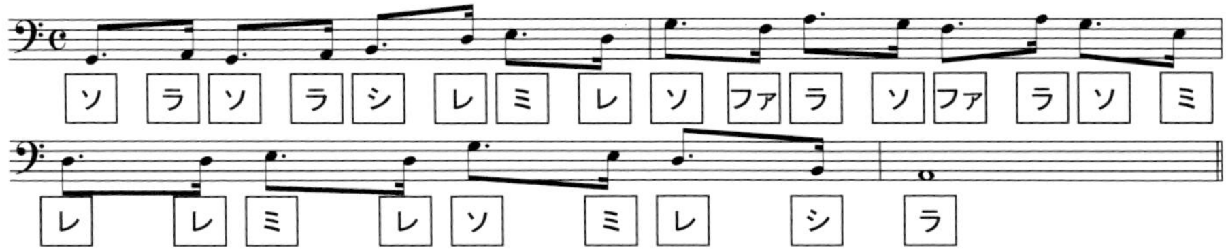
ソ ラ ソ ラ シ レ ミ レ ソ ファ ラ ソ ファ ラ ソ ミ
レ レ ミ レ ソ ミ レ シ ラ

9.

①

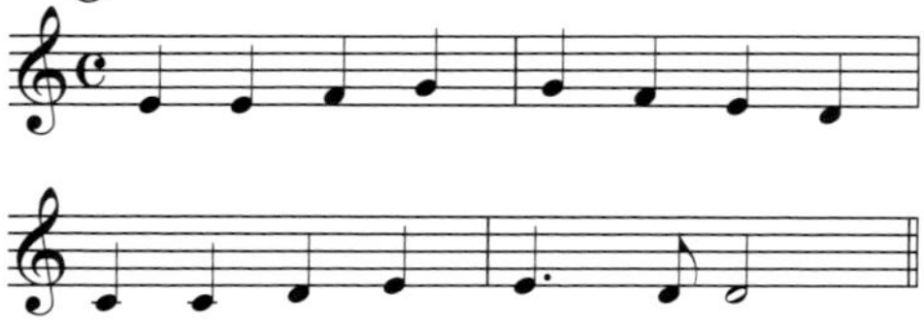

②

③

④

10.

①

②

③

④

11.

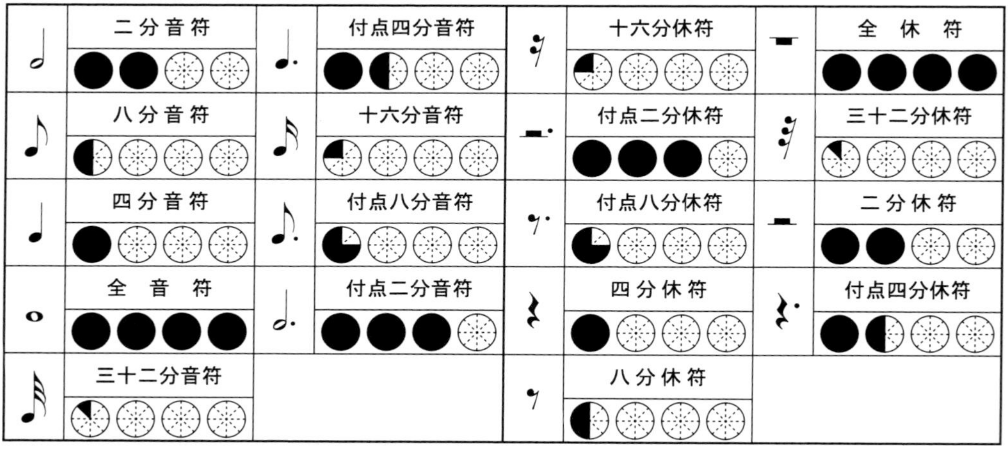

12.

①
②
③
④

13.

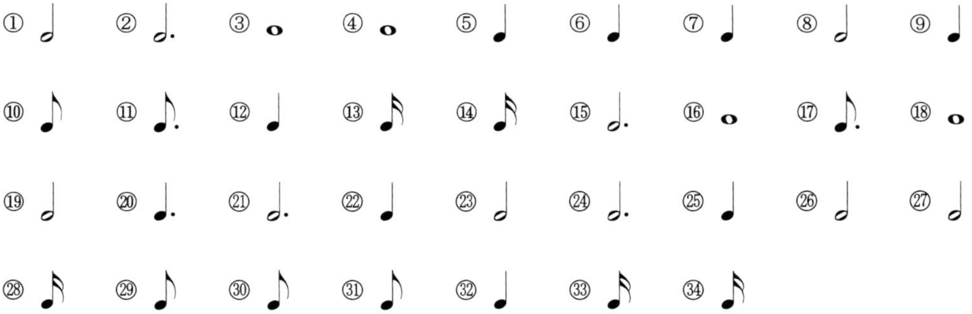
① ② ③ ④ ⑤ ⑥ ⑦ ⑧ ⑨
⑩ ⑪ ⑫ ⑬ ⑭ ⑮ ⑯ ⑰ ⑱
⑲ ⑳ ㉑ ㉒ ㉓ ㉔ ㉕ ㉖ ㉗
㉘ ㉙ ㉚ ㉛ ㉜ ㉝ ㉞

14.

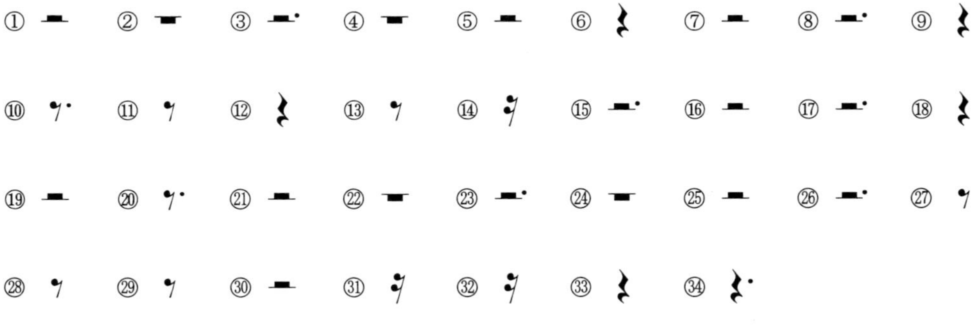
① ② ③ ④ ⑤ ⑥ ⑦ ⑧ ⑨
⑩ ⑪ ⑫ ⑬ ⑭ ⑮ ⑯ ⑰ ⑱
⑲ ⑳ ㉑ ㉒ ㉓ ㉔ ㉕ ㉖ ㉗
㉘ ㉙ ㉚ ㉛ ㉜ ㉝ ㉞

15.

①

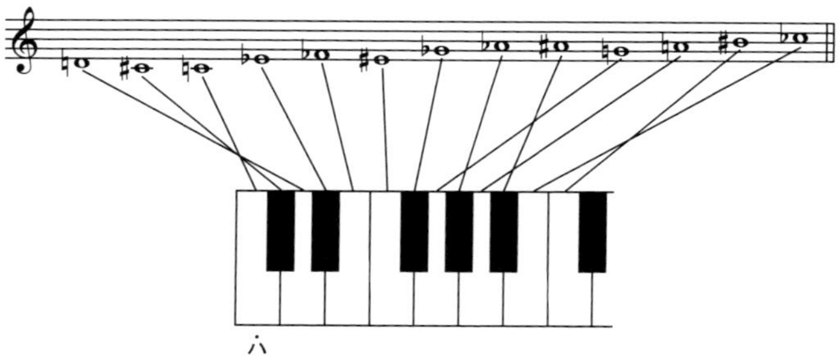

②

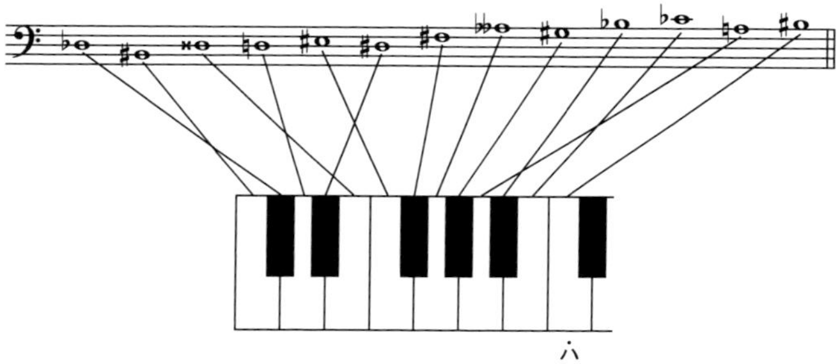

③

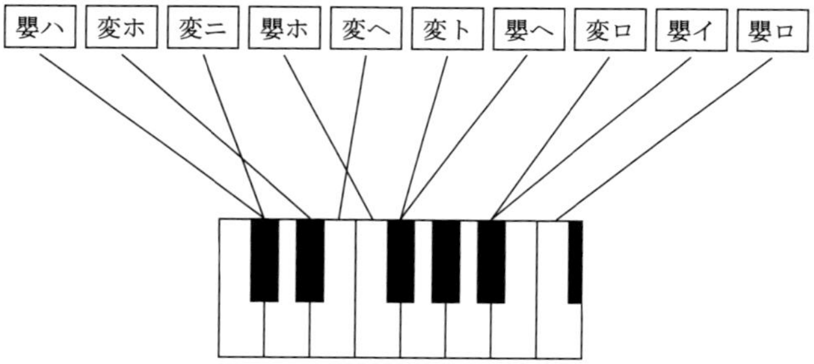

④

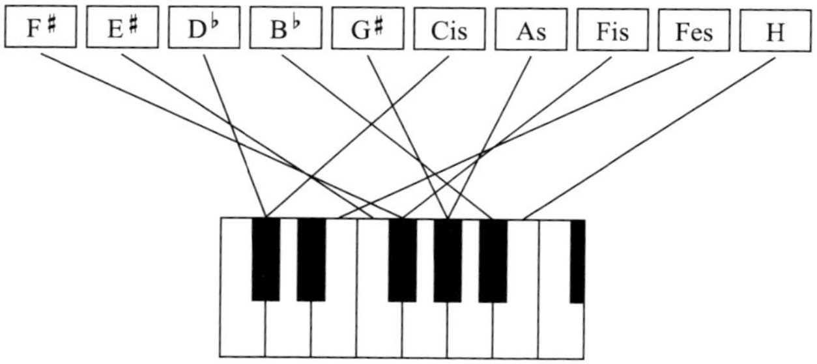

16.

①

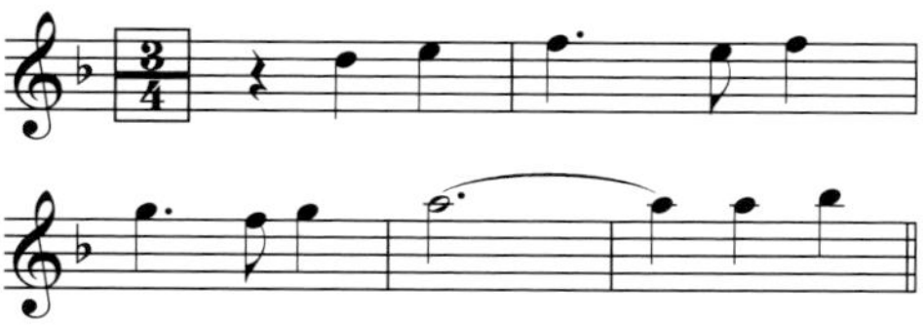

②

③

④

⑤

⑥

⑦

⑧

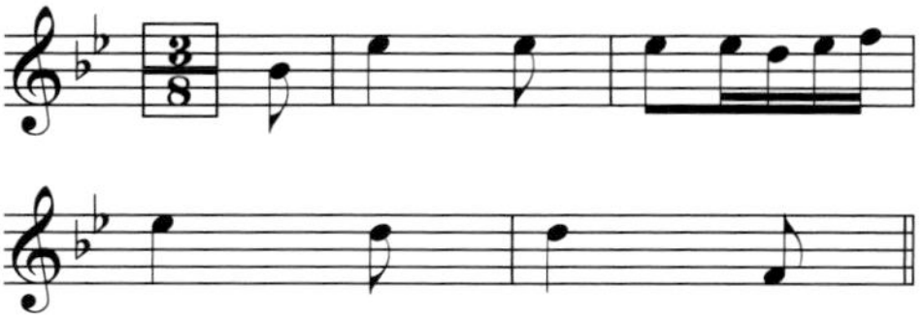

⑨

⑩

17.

① 上段左から	短３度	長６度	完全８度	長２度	長７度	完全４度	完全５度	短６度
中段左から	完全５度	短７度	完全４度	完全８度	減５度	短３度	長９度（または長２度）	長２度
下段左から	短６度	完全１度	短10度（または短３度）	長３度	短２度	長９度（または長２度）	増４度	長７度

② 上段左から	長７度	完全４度	短３度	短６度	完全５度	長２度	長６度	完全１度
中段左から	完全８度	減５度	短７度	短６度	完全４度	短７度	長３度	完全４度
下段左から	完全５度	長６度	増４度	短２度	完全８度	完全１度	長７度	短３度

18.

① 左から	完全１度	増１度	完全１度	完全１度	完全１度	増１度
② 左から	長２度	短２度	長２度	長２度	短２度	増２度
③ 左から	長２度	短２度	短２度	長２度	増２度	短２度
④ 左から	長３度	増３度	短３度	短３度	減３度	増３度
⑤ 左から	短３度	長３度	減３度	長３度	減３度	増３度
⑥ 左から	増４度	増４度	完全４度	減４度	減４度	完全４度
⑦ 左から	減５度	完全５度	減５度	完全５度	増５度	増５度
⑧ 左から	長６度	短６度	増６度	短６度	減６度	増６度
⑨ 左から	長６度	短６度	長６度	増６度	減６度	減６度
⑩ 左から	短７度	減７度	長７度	増７度	短７度	増７度
⑪ 左から	長７度	減７度	短７度	短７度	長７度	減７度
⑫ 左から	完全８度	減８度	増８度	完全８度	増８度	減８度

19.

① 上段左から	短３度	減４度	長６度	減５度	短２度	長７度	完全８度	短２度
中段左から	増１度	増４度	完全５度	長７度	長３度	減８度	短６度	増４度
下段左から	増２度	増５度	減７度	長３度	長６度	減４度	増３度	増８度

② 上段左から

減５度	短７度	増２度	短６度	長３度	増８度	完全４度	減５度

中段左から

長３度	増６度	短３度	増４度	減７度	増１度	完全５度	完全４度

下段左から

増５度	増３度	長７度	減８度	長２度	減３度	長６度	増４度

20.

① 左から

増４度	長６度	長７度	短10度（または短３度）	短９度（または短２度）	増５度	長10度（または長３度）	長３度

② 左から

減５度	増８度	短６度	完全12度（または完全５度）	減７度	完全５度	増２度	増９度（または増２度）

③ 左から

完全11度（または完全４度）	短３度	長10度（または長３度）	増４度	増６度	短２度	完全８度	減５度

④ 左から

短９度（または短２度）	長９度（または長２度）	長６度	増４度	増10度（または増３度）	完全１度	減12度（または減５度）	減７度

21.

①	ト長調	②	ヘ長調	③	イ短調	④	ハ長調
⑤	ロ短調	⑥	変ホ長調	⑦	変ロ長調	⑧	ハ短調
⑨	イ長調	⑩	ニ長調	⑪	ヘ短調	⑫	ハ長調
⑬	ニ短調	⑭	ホ短調	⑮	変イ長調	⑯	ト短調

22.

①

②

③

④

⑤

⑥

⑦

⑧

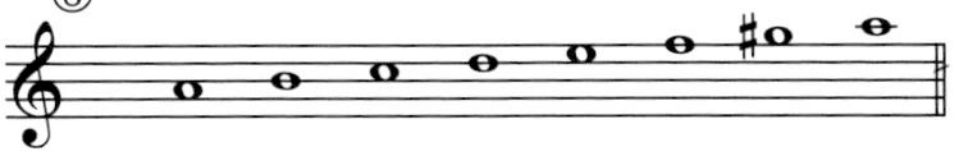

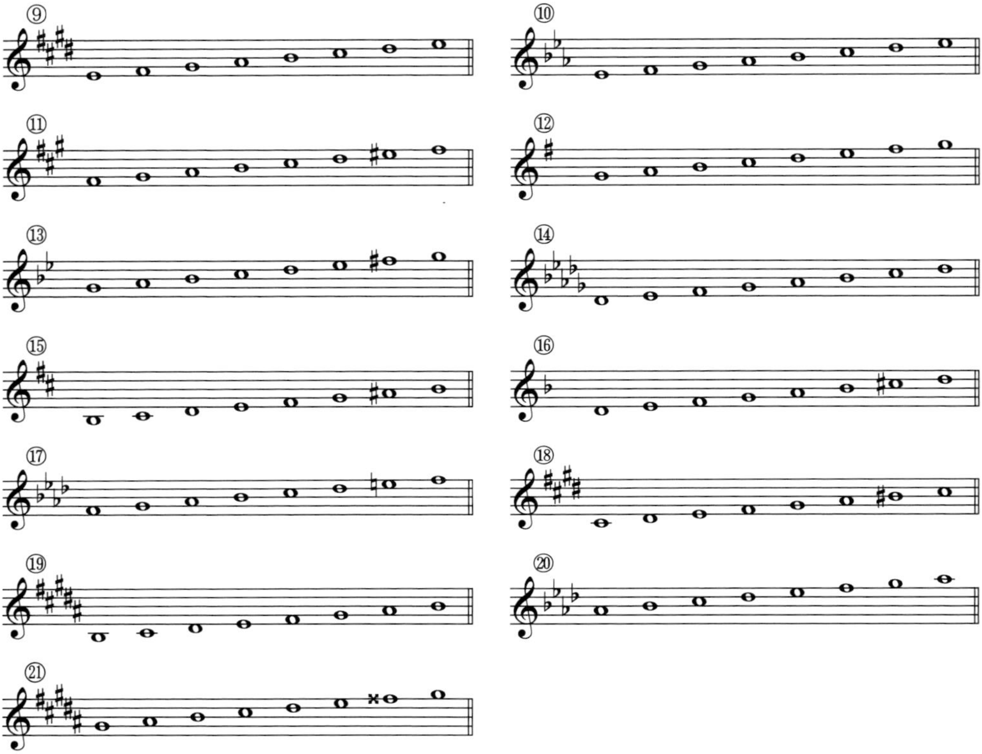
⑨
⑩
⑪
⑫
⑬
⑭
⑮
⑯
⑰
⑱
⑲
⑳
㉑

23.

①
第一転回形
第二転回形
②
第一転回形
第二転回形
③
第一転回形
第二転回形
④
第一転回形
第二転回形
⑤
第一転回形
第二転回形
第三転回形
⑥
第一転回形
第二転回形
第三転回形
⑦
第一転回形
第二転回形
第三転回形
⑧
第一転回形
第二転回形
第三転回形

24.

①
②
③
④

⑤ 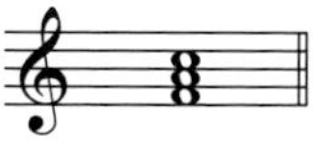 ⑥  ⑦  ⑧ 

⑨  ⑩  ⑪ 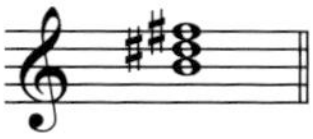 ⑫ 

25.

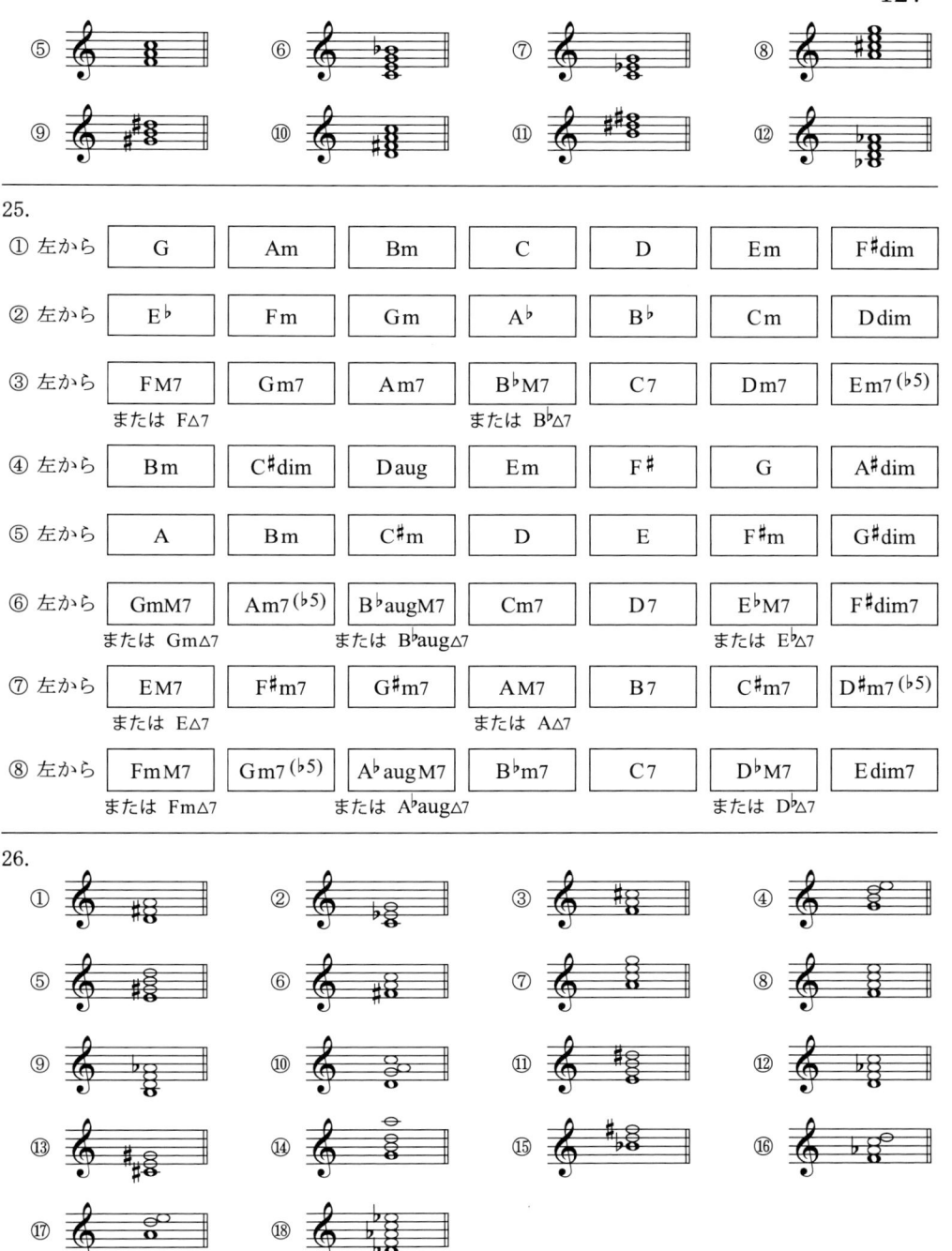

① 左から	G	Am	Bm	C	D	Em	F♯dim
② 左から	E♭	Fm	Gm	A♭	B♭	Cm	Ddim
③ 左から	FM7	Gm7	Am7	B♭M7	C7	Dm7	Em7(♭5)
	または F△7			または B♭△7			
④ 左から	Bm	C♯dim	Daug	Em	F♯	G	A♯dim
⑤ 左から	A	Bm	C♯m	D	E	F♯m	G♯dim
⑥ 左から	GmM7	Am7(♭5)	B♭augM7	Cm7	D7	E♭M7	F♯dim7
	または Gm△7		または B♭aug△7			または E♭△7	
⑦ 左から	EM7	F♯m7	G♯m7	AM7	B7	C♯m7	D♯m7(♭5)
	または E△7			または A△7			
⑧ 左から	FmM7	Gm7(♭5)	A♭augM7	B♭m7	C7	D♭M7	Edim7
	または Fm△7		または A♭aug△7			または D♭△7	

26.

①  ②  ③  ④ 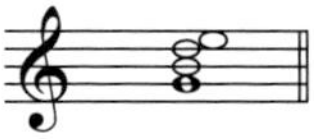

⑤  ⑥  ⑦ 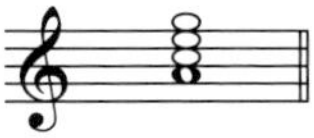 ⑧ 

⑨  ⑩ 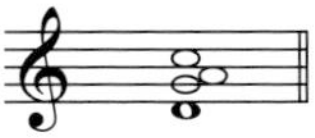 ⑪  ⑫ 

⑬  ⑭ 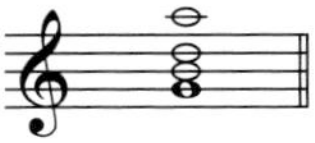 ⑮  ⑯ 

⑰  ⑱ 

27.

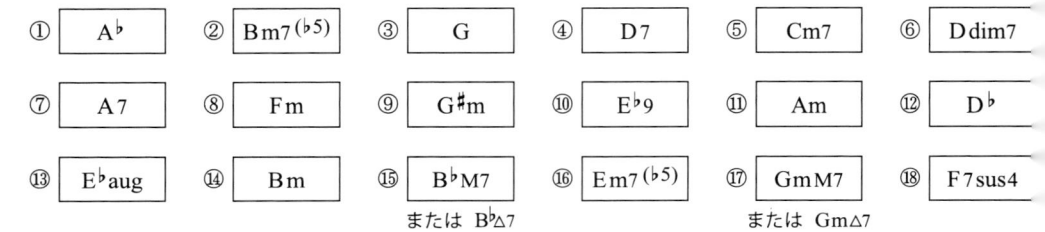

① A♭	② Bm7(♭5)	③ G	④ D7	⑤ Cm7	⑥ Ddim7
⑦ A7	⑧ Fm	⑨ G♯m	⑩ E♭9	⑪ Am	⑫ D♭
⑬ E♭aug	⑭ Bm	⑮ B♭M7 または B♭△7	⑯ Em7(♭5)	⑰ GmM7 または Gm△7	⑱ F7sus4

28.

速度標語	意　味
Allegretto	Allegro より少し遅く（やや速く）
Prestissimo	きわめて急速に
Lento	遅く
Andante	歩く速さで（やや遅く）
Presto	急速に
Lentissimo	きわめて遅く
Adagio	ゆるやかに
Moderato	中庸の速さで
Largo	幅広くゆっくりと
Vivace	快活に
Andantino	Andante より少し速く（やや遅く）
Adagietto	ややゆるやかに
Allegro	快速に

29.

意　味	速度標語
中庸の速さで	Moderato
快活に	Vivace
遅く	Lento
快速に	Allegro
Lento より遅く（きわめて遅く）	Lentissimo
歩く速さで（やや遅く）	Andante
幅広くゆっくりと	Largo
急速に	Presto
Largo より少し速く（やや遅く）	Larghetto
Andante より少し速く（やや遅く）	Andantino
きわめて急速に	Prestissimo
ゆるやかに	Adagio
Allegro より少し遅く（やや速く）	Allegretto

30.

①	Lentissimo	Lento	Allegro
②	Andante	Andantino	Vivace
③	Moderato	Presto	Prestissimo
④	Larghetto	Allegretto	Allegro
⑤	Lento	Andante	Allegro
⑥	Larghissimo	Largo	Moderato

31.

Andante	（ △ ）	Prestissimo	（ ○ ）	Allegretto	（ ○ ）
Larghetto	（ △ ）	Andantino	（ △ ）	Lento	（ △ ）
Vivace	（ ○ ）	Adagio	（ △ ）	Allegro	（ ○ ）
Lentissimo	（ △ ）	Adagietto	（ △ ）	Largo	（ △ ）
Larghissimo	（ △ ）	Presto	（ ○ ）		

32.

用　　語	意　　味
ritardando（rit.）	だんだん遅く
più mosso	今までより速く
Tempo I	はじめの速さで
accelerando（accel.）	だんだん速く
in tempo	一定の速さで
a tempo	もとの速さで
Tempo di Marcia	行進曲（マーチ）の速さで
tempo rubato	自由に緩急して
stringendo	だんだん速く
più Allegro	今までより速く

meno mosso	今までより遅く
più Lento	今までより遅く
L'istesso tempo	同じ速さで
ritenuto（riten.）	すぐに遅く
Tempo di Valse	ワルツの速さで
tempo guisto	正確な速さで
meno Allegro	今までより遅く
rallentando（rall.）	だんだん遅く
ad libitum	自由に緩急して
meno Lento	今までより速く

33.

意　　味	用　　語
だんだん遅く	ritardando（rit.）　または　rallentando（rall.）
はじめの速さで	Tempo I
すぐに遅く	ritenuto（riten.）
一定の速さで	in tempo
だんだん速く	accelerando（accel.）　または　stringendo
もとの速さで	a tempo

34.

記　号	読　み　方	意　　味
f	フォルテ	強く
mp	メゾ・ピアノ	やや弱く
ff	フォルティッシモ	きわめて強く
ppp	ピアノ・ピアニッシモ	（***pp*** より）きわめて弱く
mf	メゾ・フォルテ	やや強く
p	ピアノ	弱く
fff	フォルテ・フォルティッシモ	（***ff*** より）きわめて強く
pp	ピアニッシモ	きわめて弱く

35.

pp	***p***	***mp***	***mf***	***f***	***ff***

36.

用　語	意　味
calando	次第に穏やかに（次第に弱めながら遅く）
diminuendo（dim.）	次第に弱く
smorzando	消えるように（次第に弱めながら遅く）
allargando	次第に幅広く（次第に強めながら遅く）
morendo	命の絶えるように（次第に弱めながら遅く）
rf　*rfz*　*rinf*	その音を特に強く
perdendosi	消えるように（次第に弱めながら遅く）
crescendo（cresc.）	次第に強く
largando	次第に幅広く（次第に強めながら遅く）
sf　*sfz*	その音を特に強く
decrescendo（decresc.）	次第に弱く

37.

用　語	意　味
più	さらに（より多く）
quasi	～のように
poco	少し
molto	きわめて
poco a poco	少しずつ
non tanto	はなはだしくなく
un poco	少し

meno	少し（より少なく）
sempre	常に
non troppo	はなはだしくなく
assai	充分に
subito	急に
senza	～なしに
ma	しかし
simile	同様に

38.

発　想　標　語	意　味
espressivo（con espressione）	表情豊かに
marcato	はっきりと
religioso	宗教的に
con moto	動きをつけて
agitato	せきこんで
grave	重々しく、壮大に
con fuoco	熱烈に、火のように
sostenuto	音を充分に保って
maestoso	威厳をもって、おごそかに

cantabile	歌うように
leggiero	軽く
brillante	輝かしく、華やかに
pesante	重々しく
appassionato	熱情的に、情熱的に
tranquillo	静かに、穏やかに
animato（con anima）	活気をもって、生き生きと
dolce	柔らかく、愛らしく、甘く
capriccioso	気まぐれに
risoluto	決然と、きっぱりと
veloce	すばやく
con brio	生き生きと
giocoso	楽しげに、陽気に
stretto	切迫して
grazioso（con grazia）	優雅に、気品をもって

39.

発 想 標 語	意 味
elegante	優雅に
dolce	柔らかく、愛らしく、甘く
pastorale	牧歌風に、のどかに
feroce	野性的に激しく
misterioso	神秘的に
giocoso	楽しげに、陽気に
impetuoso	激情的に
maestoso	威厳をもって、おごそかに
lamentabile （lamentoso）	悲しげに
con fuoco	熱烈に、火のように
arioso	歌うように
serioso	厳粛に
comodo（commodo）	気楽に
marcato	はっきりと
patetico	悲愴に
leggiero	軽く
affettuoso	愛情をこめて
scherzando	戯れるように、諧謔的に
dolente	悲しげに

con moto	動きをつけて
nobilmente	上品に
agitato	せきこんで
amabile	愛らしく
appassionato	熱情的に、情熱的に

40.

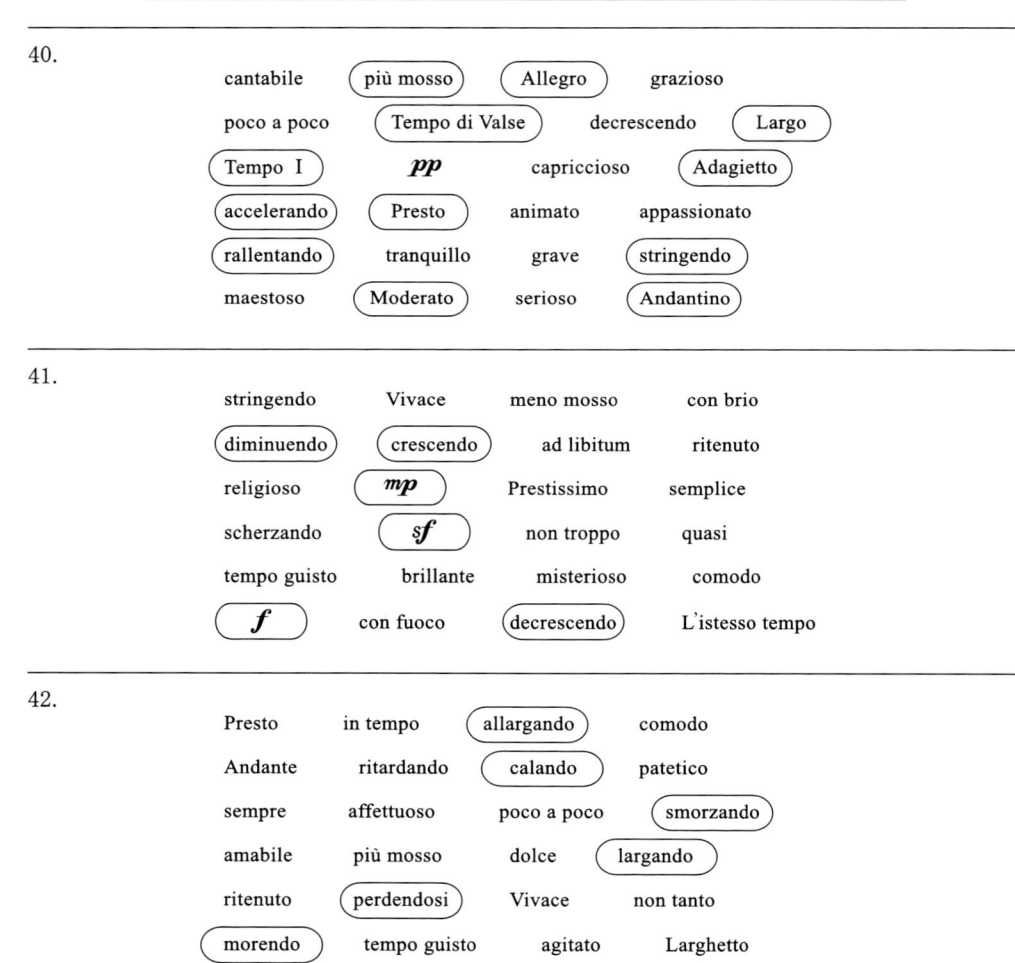

cantabile	più mosso	Allegro	grazioso
poco a poco	Tempo di Valse	decrescendo	Largo
Tempo I	*pp*	capriccioso	Adagietto
accelerando	Presto	animato	appassionato
rallentando	tranquillo	grave	stringendo
maestoso	Moderato	serioso	Andantino

41.

stringendo	Vivace	meno mosso	con brio
diminuendo	crescendo	ad libitum	ritenuto
religioso	*mp*	Prestissimo	semplice
scherzando	*sf*	non troppo	quasi
tempo guisto	brillante	misterioso	comodo
f	con fuoco	decrescendo	L'istesso tempo

42.

Presto	in tempo	allargando	comodo
Andante	ritardando	calando	patetico
sempre	affettuoso	poco a poco	smorzando
amabile	più mosso	dolce	largando
ritenuto	perdendosi	Vivace	non tanto
morendo	tempo guisto	agitato	Larghetto

43.

用　　語	反対の意味の用語
più mosso	meno mosso
molto	poco
tempo guisto	tempo rubato
diminuendo	crescendo
Adagio	Presto
ritardando	accelerando
lamentabile	giocoso
subito	poco a poco
tenuto	staccato
con fuoco	tranquillo

44.

sotto voce	やわらげた声で
una corda	弱音ペダルを使用して
tenuto	その音の長さを充分に保って
senza sordino	弱音器を使用しないで
legato	なめらかに
tutti	全員で

45.

Andante religioso	歩く速さで（やや遅く） 宗教的に
Adagio cantabile	ゆるやかに 歌うように
poco a poco cresc.	少しずつ 次第に強く
Moderato con moto	中庸の速さで 動きをつけて
Allegro comodo non agitato	快速に 気楽に せきこんだ感じでなく
poco Lento e grazioso	少し遅く そして 優雅に（気品をもって）
Allegretto pastorale	やや速く(Allegroより少し遅く） 牧歌風に（のどかに）
ff grandioso	きわめて強く 堂々と（壮大に）
Allegro guisto, poco sostenuto	正確に 快速で、少し 音を充分に保って
Andante maestoso	歩く速さで（やや遅く） 威厳をもって（おごそかに）
sempre moderato, pesante	常に 中庸の速さで、重々しく
cresc. e un poco agitato	次第に強く、そして 少し せきこむように
Allegro non troppo ma con brio	速すぎずに 快速に しかし 生き生きと
Andante, grave energico	歩く速さで（やや遅く）、 重々しく（壮大に） 力強く（精力的に）
dolente e perdendosi	悲しげに そして 消えるように（次第に弱めながら遅く）
Allegro, molto appassionato	快速に、きわめて 熱情的に（情熱的に）
Andantino espressivo assai	やや遅く（Andanteより少し速く） 充分に 表情豊かに
sempre leggiero, nobilmente	常に 軽く、上品に
Andante marziale	歩く速さで（やや遅く） 行進曲ふうに
dolce tranquillo	柔らかく（愛らしく、甘く） 静かに（穏やかに）
giocoso assai, sempre prestissimo	充分に 楽しげに（陽気に）、常に きわめて急速に
capriccioso stringendo	気まぐれに だんだん速く

46.

① ト長調

② 

47.

① ヘ長調

② 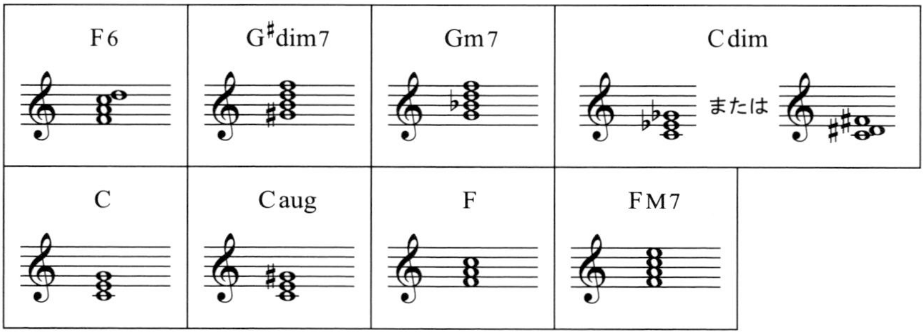

48.

① ニ長調　　② 4分の2拍子

③

用　語	読み方	意　味
Allegretto	アレグレット	Allegroより少し遅く（やや速く）
p	ピアノ	弱く
sempre staccato	センプレ スタッカート	常に 音の長さを短く
cresc.	クレッシェンド	次第に強く

49.

① ト短調　　② 8分の6拍子

③ 読み方 アンダンティーノ　意味 Andanteより少し速く（やや遅く）

④

㋐ 八分音符	㋑ 四分音符
㋒ 十六分音符	㋓ 付点八分音符
㋔ 付点四分音符	㋕ 八分休符

50.

① 変ホ長調

②

用語	読み方	意味
Andante	アンダンテ	歩く速さで（やや遅く）
espressivo	エスプレシーヴォ	表情豊かに
dolce	ドルチェ	柔らかく、愛らしく、甘く

③

㋐ 短6度	㋑ 長6度
㋒ 短3度	㋓ 短2度
㋔ 長10度　または　長3度	㋕ 短7度

著者プロフィール

山本英子　Eiko Yamamoto

桐朋学園大学音楽学部演奏学科ピアノ専攻卒業。

オーストラリア国立大学大学院 Graduate Diploma in Musicピアノ専攻修了。

慶應義塾大学経済学部卒業。早稲田大学大学院博士課程修了。経済学博士。

2007年より、3歳からでも無理なく始められる新しいピアノ教育システム『ぴあののアトリエ メソード』を発表。以来、共同音楽出版社より英語併記版も含む同シリーズのテキストを50冊以上出版。2014年には書籍『もうひとつのピアノ指導法　―意味のあるピアノレッスンとは？―』をリリースし注目され、指導セミナーは各地で好評を得ている。

♪ 山本英子の公式ホームページ

http://www.piano-atelier.net

速習楽典と徹底ドリル The Intensive Music Theory & Exercises
2011年9月10日 初版発行
2020年3月10日 第2刷発行
著　者　山本英子 ©2020
発行者　豊田治男
発行所　株式会社共同音楽出版社
〒171-0051　東京都豊島区長崎3―19―1
電話03―5926―4011
印刷製本　株式会社平河工業社
充分注意しておりますが、乱丁・落丁は本社にてお取替えいたします。